Economics, Management and Dynamic Case-based
Education in the Era of Digital Intelligence

数智时代新经管与 "活" 案例教育教学

肖静华　　汪旭晖　主编

东北财经大学出版社　大连
Dongbei University of Finance & Economics Press

图书在版编目（CIP）数据

数智时代新经管与"活"案例教育教学 / 肖静华，汪旭晖主编. —大连：东北财经大学出版社，2024.10.—ISBN 978-7-5654-5454-7

Ⅰ.F272.3-49

中国国家版本馆 CIP 数据核字第 2024U2464V 号

东北财经大学出版社出版

（大连市黑石礁尖山街 217 号　邮政编码　116025）

网　　　址：http://www.dufep.cn

读者信箱：dufep@dufe.edu.cn

大连图腾彩色印刷有限公司印刷　　东北财经大学出版社发行

幅面尺寸：170mm×240mm　　字数：159 千字　　印张：9.25　　插页：1

2024 年 10 月第 1 版　　　　　　　2024 年 10 月第 1 次印刷

责任编辑：孙　平　　　　　　　　责任校对：刘贤恩

封面设计：原　皓　　　　　　　　版式设计：原　皓

定价：58.00 元

前　言

　　数智时代的经济管理实践变革，对我国经管类教育改革提出了新要求。在数字经济创新发展的新时代背景下，我国不同类别、不同区域、不同专业的教育教学既迎来新的发展机遇，也面临巨大挑战。在变革过程中，高等教育教学改革、数字技术快速发展、就业市场需求变化等诸多因素的交错影响，催生出大量教育教学改革亟待研究和探讨的议题。例如，面对数字时代的特征和规律，社会需要什么样的人才？我们培养的人才是否能适应新的时代？我们的人才培养模式需要如何适应社会经济发展要求？等等。这些问题促使我们反思当前经管类的教育教学如何改革。

　　正如本书中王帆教授强调的那样，新商科的数智化转型不仅是技术进步的自然结果，也是适应全球经济环境变化和培养未来所需人才的战略举措。对于经管领域而言，数智化转型是全面提升竞争力的重要途径，不仅能帮助各类高校的经管学院更好地服务学生和社会，还能促进学术研究的进步和发展。正是出于这样的初衷，2024年7月在大连召开的中国信息经济学会理事会上，与会嘉宾、领导和专家学者就数智时代的经管教育教学改革与教学模式创新进行了不同视角、层次及方法的探讨和交流。

　　我们编撰出版的这部论文集，是对此次探讨和交流的一个总结。希望这是一个良好的开端，期待未来通过中国信息经济学会这一数字经济学术团体的平台，进一步推动数智时代中国高校经管教育教学改革的发展，推动新时代"活"案例教学与实验教学的创新探索。随着"00后"成为经管教育教学的对象和社会就业的主力，教育教学的主阵地——课堂教学也需要进行适应性变革。一方面，"活"案例教育教学作为一种根植于具有悠久历史的互动教育思想基础的教育教学模式，结合当前社会经济发展的需要，具有内容鲜活、过程激活和方式灵活等特征，能有效培养学生的创新思维和实践操作能力，形成"思政融入、科研引导、课堂革命、实践反思"四位一体的教育教学改革体系；另一方面，实验教学作为数智时代经管类教学改革与人才培养的重要方式，需要多方主体以"价值共创、制度协同、利益共享"为原则，逐步构建教学生态，将经济管理理论与数字技术深度融合，培养学生的跨学科知识融合能力、创新实践能力及AI驾驭能力等，形成经管类教学模式的创新范式。

我们编撰出版这部论文集，可以说是中国信息经济学会同仁对数智时代经管教育教学改革的一次集体探索和思考。诚然，书中的观点可能存在局限和不足，期待得到同行和读者的宝贵意见，后续不断完善和改进。

最后，感谢学会各位专家学者的支持！感谢学会理事和会员的支持！感谢东北财经大学出版社领导和责任编辑老师的支持！

肖静华　汪旭晖

2024年9月

目　　录

上　篇　数智时代的教育教学变革

上 篇
数智时代的教育教学变革

新商科发展中的个体、组织与创新

王帆

（中山大学管理学院）

新商科的数智化转型不仅是技术进步的自然结果，也是适应全球经济环境变化和培养未来所需人才的战略举措。对于商科领域来说，数智化转型是全面提升自身竞争力的重要途径，不仅能帮助各类高校的商学院更好地服务于学生和社会，还能促进学术研究的进步和发展。下面我将从为什么要数智化转型，什么是数智化转型，以及如何开展数智化转型来展开详细阐述。

一、为什么要进行数智化转型

首先需要解答的问题是，为什么要进行数智化转型。这是因为，在战略、组织、流程、文化和资产管理这五个变革领域中，数智化转型均能带来显著的竞争优势。

从战略层面，数智化转型顺应未来趋势，可以增强国际竞争力。随着大数据、人工智能等技术的发展，未来的商业活动将更加依赖于数据分析和智能化决策。商科教育通过数智化转型，可以提前布局，提升课程质量，确保学生掌握相关技能，满足未来职场需求，增强国际影响力。

从组织层面，数智化转型能够改善教学模式，促进跨学科合作。数字化工具可以帮助构建更加灵活的学习平台，如在线课程、虚拟实验室等，打破时间和空间限制，促进个性化学习。通过数智化，商科可以更容易地与其他学科（如计算机科学、统计学等）交叉融合，促进多学科视角下解决问题能力的培养。

从流程层面，数智化转型可以提升教学效率，增强师生互动。利用数字技术简化教务管理流程，比如自动化的成绩录入、在线选课系统等，可以减轻行政负担，使教师有更多精力专注于教学质量。同时，在线讨论板、虚拟课堂、个性化推荐等工具增加了师生间及学生间的交流机会，提高了学习过程中的互动性和参与度。

从文化层面，数智化转型能够培养学生创新能力，构建开放共享的学习环境。数智化转型鼓励批判性思维和创新精神，让学生学会利用数据和技术解决实际问题。数字资源的共享可以营造一个更加开放包容的学习氛围，鼓励知识分享和协作学习。

从资产层面，数智化转型能够优化资源配置，提高资金使用效率。通过数据分析来评估课程效果、学生需求等，从而有针对性地调整教学计划和资源配置，无论是硬件设施的更新还是软件服务的采购，都能够更加贴合实际的教学目标与学生的学习状况，提高资金使用效率。

二、什么是数智化转型

什么是商科的数智化转型，数智化转型意味着研究范式的变革，传统的研究范式包含数据-信息-决策，数据被视为原材料，经过加工成为信息，再依据这些信息作出决策。然而，在数智化转型的过程中，这种线性模式被更加动态和交互的方式所取代，从而转变为大数据-行为决策-人智协同。

大数据是数智化转型的基础底座。与传统数据相比，大数据具有三个显著特征：海量、多源、异构。海量指的是数据量极大；多源意味着数据来源广泛，既可能来自社交媒体，也可能来自物联网设备等多种渠道；异构表示数据形式多样，包括结构化、半结构化和非结构化数据，如数字、文本、声音、视频等多模态数据。为了有效利用这些数据，必须解决数据融合问题，即如何将不同来源、不同类型的数据融合在一起，形成统一的数据视图。此外，还需要保证数据的安全性和隐私保护，使得数据可以在合法合规的前提下被安全可信地访问和使用。最后，庞大的数据处理需要采用高效计算技术，通过优化算法、改进架构设计、并行处理等方式来最大化计算性能，同时尽量降低能耗和其他成本。

行为与决策是数智化转型的关键环节，也是商科的核心内容。在这一过程中，不仅要关注个体本身的行为特征，还需要从系统论的角度出发，审视个体之间连接形成的复杂网络，理解个体间的互动行为以及整个系统的内部运作机制，从而为科学决策提供坚实的基础。为了制定更加合理有效的策略，我们需要不断地进行分析、模拟和优化。机器学习通过算法识别数据中的模式，并利用这些模式进行预测，它可以分析历史数据，自动识别模式、趋势和规律，从而帮助预测未来的行为或结果，为决策提供支持。计算实验则基于"情景-应对"的管理思想，通过描绘复杂系统中的运作规律，并借助计算机仿真技术模拟不同情景，研究微观个体行为交互对系统整体运动的影响，进而探讨可行的应对预案，实现科学决策。优化的数学基础主要包括博弈论和运筹学。博弈论专注于研究决策者之间的互动策略选择问题，特别是在竞争性环境中，帮助我们理解不同利益相关方之间的相互作用，并找到最优策略。运筹学则通过数学模型，如线性规划、整数规划、动态规划等技术，解决优化问题，旨在在特定约束条件下找到最优解。综合运用以上的基于数智技术的分析、模拟和优化方法，可以帮助我们在复杂多变的环境中更好地发现行为特征并作出科学的决策。

最后，在数智化转型时还需要考虑人智协同的问题。人智协同指的是人类智慧与机器智能相结合的过程。在这个过程中，不仅要考虑人机交互的设计，还要探讨在复杂决策场景下如何进行有效的群体决策。同时，必须正视随之而来的法律、伦理和社会问题。例如，自动化决策可能带来的偏见问题，以及个人隐私权如何得到保障等都是需要认真对待的议题。通过建立合理的制度框架，可以确保数智化转型朝着有利于社会的方向发展。

三、如何开展数智化转型

我们了解了为什么要进行数智化转型，以及什么是数智化转型后，接下来就是了解应该如何开展商科教育的数智化转型，这离不开转型中的三要素：个体、组织和创新。

从个体层面分析，商科领域中的主要参与者是学生与教师。我们可以从惯性、能力和利益这三个维度来进行深入探讨。对于学生而言，作为初学者，他们尚未形成固定的行为模式，因此较少受到惯性思维或习惯做法的阻碍。同时，通过转型学习新的知识体系，他们能够获取更新的知识体系和更强的职业发展竞争力，这使得在利益方面的阻力几乎可以忽略不计。然而，学生所面临的最大挑战在于能力的提升，尽管他们可能具有转型的动力与愿望，但在实际操作过程中仍可能遭遇各种难题，例如文科背景的学生由于数学和计算机基础相对薄弱，在转向大数据或人工智能等技术密集型课程时可能会感到尤为吃力。同样，教师的转型也面临着不小的挑战，对于长期从事传统商科教学的教师而言，他们已经习惯了现有的教学体系和方法，突然转向以数字技术和智能技术为基础的教学模式，会感到不适应，这种惯性不仅体现在教学内容上，还包括对新技术的抵触感。能力方面的挑战主要集中在跨学科知识与技能的获取上，数智化转型要求教师不仅要精通商科领域的知识，还需要掌握一定的信息技术、数据分析等跨学科的知识与技能，这些新技能的学习不仅需要时间和精力投入，还需要教师具备持续学习的能力和意愿，这对于很多专注于某一专业领域的教师来说是一项艰巨的任务。转型过程中可能出现的固有利益再分配问题，如专业重新调整、教学任务重新分配等，可能导致部分教师担心利益受损而对数智化转型持负向的态度。此外，跨学科合作也可能触及改变论文发表、项目申报等方面的既有评价标准。为应对这些挑战，高校应提供培训和支持，建立激励机制，鼓励跨学科合作，并提供必要的技术支持，以鼓励学生和教师顺利完成数智化转型。

从组织层面来看，组织转型面临着双重挑战：既要打破原有的树状层级化组织结构，又要建立起扁平化的网络型组织结构。传统的树状层级化组织结构在一定程度上限制了沟通和创新，而扁平化的网络型组织结构则提供了更多的交流空间，允许各个组织单元之间充分交互和沟通，提高了效率和创新能力。组织架构的调整过程需要用"先破后立"和"不破不立"的思想来实施和推动。"先破后立"指的是先打破传统的组织架构和边界，再组建新的数智商科组织架构，有力促进教师进行跨学科的合作，让资源配置更加合理。实践中，这一转变非常不容易，需要打破固有的权力结构和职责划分，培养高校员工的跨学科知识和技能，建立新的激励机制。

从创新的角度看，商科数智化转型需要在技术创新、人才培养和办学关系等方面开展多维度创新。首先，在技术创新方面，高校商科需在算例、算法和算力等方面取得突破，这包括开发新的教学平台，利用大数据、人工智能等先进技术改进教学方法。然而，这一过程也将带来挑战，如教师技能的更新程度和学生对新技术的接受程度等问题。其次，在人才培养模式上，高校商科应探索个性化和灵活的教育模式，涉及跨学科教育和实践教学等内容，旨在培养学生的综合能力。这不仅要求教师具备跨学科的知识，还需要平衡传统教学与新方法之间的关系。最后，在办学关系方面，高校商科需要通过开放办学关系进行创新，加强国际合作、校企合作以及教学科研合作。数智化转型中的创新挑战涵盖技术、人才和办学等多个方面，高校商科需要不断尝试和突破，才能在这一进程中成为真正的引领者。

在当前经济全球化的背景下，高校商科的数智化转型已成为必然趋势，商科教育正在逐步构建起一个面向未来的全新生态。如今，各项准备工作已然就绪，技术、人才与合作的框架基本搭建完成，可以说"万事俱备，只欠东风"。这股"东风"，便是领导者带领全体师生共同激发的创新活力与合作精神。只要我们携手并进，勇于探索，高校商科必将迎来更加辉煌的明天，成为引领新时代商业教育潮流的先锋力量。

人工智能时代的管理教育：
变革、挑战及应对

闫相斌　　郭亚男

（北京科技大学经济管理学院）

　　人工智能时代的管理教育面临着重大变革与挑战，也需要探讨应对之策，针对此，本文共分四个部分进行分析和阐述。

　　第一部分是人工智能时代的变革。

　　在数智化时代，以 ChatGPT、Sora、服务机器人等为代表的前沿技术不断涌现，深刻揭示了人工智能（AI）领域的无限潜力。AI 的发展速度之快，甚至超越了工业革命和信息革命，以前所未有的变革速度刷新着公众对 AI 的认知和预期。未来，人工智能将继续以惊人之势演进。我们将看到 AI 技术在更多领域应用，成为推动各行业创新和进步的重要引擎。

　　虚拟现实（VR）和增强现实（AR）技术的结合，以及元宇宙等概念的出现，使真实世界与虚拟世界之间的界限变得越来越模糊。人们将通过全新的方式与世界互动，AI 技术将对人们的生活、工作和社交方式产生深远影响。最近，互联网上流传这样一个说法："突然觉得 AI 的方向搞错了，我们希望机器人帮人类扫地、洗碗，是因为人类要去写诗、画画，现在的 AI 都写诗和画画了，我们人类还在扫地、洗碗。"这一观点很有趣，也值得思考，其中隐含着 AI 发展的一个关键问题，即如何更好地满足人类的需求和期望，以实现 AI 和人类在各自擅长领域形成优势互补。

伴随新一轮科技及产业变革，AI正成为引领我国经济高质量发展的重要引擎，主要体现在：首先，人工智能推动了传统产业向智能化方向转型升级。AI可嵌入研发、设计、制造、装配、流通与销售等产业链条的各个环节，实现产业的全方位变革。其次，人工智能催生出新业态，带来新的经济增长点。AI技术促进企业突破既有生产边界，向产业链上下游延伸拓展，衍生出新业态，诸如智能家居、无人驾驶等。此外，人工智能也有利于产业间信息共享，促进协调发展。通过自动收集来自不同领域、不同维度、不同来源的企业数据，快速处理和使用数据，帮助产业整合信息，提高决策的科学性和决策效率。

人工智能对社会发展也存在双刃剑效应。首先，人工智能的发展加深了贫富差距和数智鸿沟，体现在资源占有不均、应用能力不同、发展机遇不等等诸多方面。经济领先的地区凭借技术与数据优势，进一步巩固其领先地位，而欠发达区域可能缺乏必要的数字基础设施和先进教育资源，从而被边缘化，导致技术应用能力受限。其次，人工智能大规模数据收集和处理带来隐私和伦理问题。要权衡使用便利与个人隐私保护之间的冲突，确保数据安全使用，构建可信赖、可持续的AI系统。最后，人工智能产业深层次影响和冲击着社会的就业结构，主要表现为被替代者与新增岗位之间的矛盾。一些基础性工作可能被人工智能取代，而新涌现的岗位往往具有全新的要求，这需要重新考虑教育和人才培养的方向。

世界各国都在积极推动AI领域的布局，并将其置于提升国家竞争力、维护国家安全的重大战略位置。以AI为代表的新兴科技核心竞争力是人才的数量和质量，取决于对科技人才的能力培养和人才的区域集聚的形成。为应对这一趋势，各国都在探索如何通过教育改革来适应这一变化。AI技术出现不仅意味着教育领域即将迎来一场由人工智能驱动的变革，也为实现更具质量、更具特色、更具灵活性的教育提供强有力的技术支持。

第二部分是人工智能对教育的影响。

教育作为社会发展的引擎和塑造未来的关键，其目标应当紧密契合时代需求，培养适应经济社会发展的人才。这种人才不仅需要具备与时代发展相匹配的技能，更应具备持续学习和发展的能力，从而为社会注入源源不断的活力。同时，教育的价值绝不仅限于经济发展的需求，更体现在应承担起深化民族文化和价值观传承的使命。培养具有文化认同感和文化自信的人才，不仅可以增强社会凝聚力，还可以促进文化多样性。教育通过培养人才引领和推动社会进步。在从农业时代、工业时代向信息时代的演进过程中，教育的目标与方法也随之不断革新。新兴技术的迅速发展要求我们重新审视和优化人才培养的模式，以确保教育在新时代发挥应有价值。

而人工智能时代的到来，对我们的教育体系和人才培养提出和提供了全新的挑战和机遇，也对人才能力提出了新的要求。传统的知识性技能虽然重要，但已不再是竞争优势。在这个信息爆炸的时代，更需要培养具备创造性思维、批判性思维以及系统性思维的人才。这种思维方式不仅能够让我们更好地应对未来的挑战，也能够激发创新和提高解决复杂问题的能力。为了使教育与新的社会需求相契合，大学应该积极构建新的课程体系，探索将人工智能相关知识纳入通识教育。这样的举措不仅可以培养学生的信息素养和数据科学能力，还可以帮助他们适应信息时代的需求，提升他们在数据驱动决策上的能力。

更好地推动人工智能在教育领域的深度融合，需要从国家层面上制定明确的发展战略和行动计划，以确保教育改革与科技进步同行。2017年，我国发布了新一代人工智能发展规划，2018年教育部门也发布了关于高等学校人工智能创新行动计划，旨在服务国家发展需求，优化和完善人才培养体系。2024年世界数字教育大会提出聚焦全球数字教育发展的共同议题，教育部将实施人工智能赋能教育行动，以促进智能技术在教学、科学研究和社会等多领域的深度融合与应用。

人工智能在教育领域的应用虽非新现象，但当前我们仍处于对这一领域的探索之中。回顾20世纪中后期，人工智能在教育中的应用虽已初露端倪，却未引起广泛的关注和重视。然而，如今数据收集能力的不断提升、技术模型的日益丰富、算法的不断迭代以及算力的不断增强，推动了人工智能在教育领域迈向了一个新的飞跃。

人工智能在教育领域的应用已展现出多方面的潜力，首先是个性化教学。过去，我们一直强调个性化教育的重要性，而如今人工智能的应用使得这一教育理念得以真正实现。不论是在班级规模、课程设置还是对学生个体的关注上，现在都拥有了全新的可能性。个性化教学的实现不仅在于提供定制化的学习路径和资源，更在于借助人工智能技术构建学生的个性化学习模型，从而更好地满足和挖掘其个性化的学习需求和潜能。通过人工智能系统的智能分析和推荐，教育者可以更精准地了解学生的学习状态和需求，为其量身定制最适合的教学方案，实现大规模的个性化教育。此外，人工智能还能帮助我们更精准地评估学生的学习情况，构建个人能力模型，清晰地描绘出其在未来岗位中所需的技能和能力，并且评估其能力的变化。通过深度数据分析和模型建立，教育者可以更科学地评价学生综合能力，为其未来职业生涯规划和发展提供有力支持。

同时，随着人工智能在教育领域的深入应用，我们也面临着一系列新的挑战，如数字鸿沟、基础设施限制和情商培养等问题。其中，值得关注的是在人工智能时代如何培养学生的人际沟通能力。一旦人工智能工具失效或出现问题，人际交流的价值就显得尤为重要，它能够帮助人类应对孤独感以及社交媒体可能带来的负面影响，并在被动融合环境下有效获取信息。因此，学生需要学会倾听、表达、合作和解决冲突，这些技能会对他们未来的职业生涯产生重要影响。此外，社交媒体虽然连接了人们，却也可能加剧孤独感和社交焦虑。教育者需要引导学生建立健康的社交关系，培养他们的自信心和情感智慧，以更好地面对社交压力和挑战。

目前，得益于一些科技公司提供的基础知识课程和教师辅助工具，部分人工智能工具已经在教育领域得到应用。2024年4月，教育部公布了审批的18个人工智能项目在部分国内高校的新的实践和应用。国外也有一些成熟的实践，并较早地应用了人工智能技术，如智能教科书 Inquire、AI 虚拟助教 Charlotte、远程呈现机器人 DUSON 以及机器人代数项目创造 CS-STEM 环境等。

第三部分是人工智能与管理教育。

人工智能的飞速发展给管理学科教育也带来了深刻的冲击。我们必须深入反思管理学科的教育目标，以及如何更好地与不断变化的社会需求相适应。相较于电气专业和机械制造专业等技术类专业，管理学科的培养目标似乎更加抽象、多元且难以量化。传统管理教育注重培养学生的领导力、团队合作能力和决策能力等软技能，但随着人工智能技术的广泛应用，这些技能是否仍然足够应对未来复杂多变的管理环境，已成为亟须探讨的关键问题。

人工智能已经推动管理教育的全方位变革。首先，管理人才的能力需求发生了根本转变。人工智能的发展要求管理人才具备更多复合创新型的能力和素养。这包括数据思维能力，即能够理解和应用数据分析来支持决策；人机协同能力，即善于与人工智能系统协同工作；持续学习能力，即不断更新知识和技能以适应变化的环境；科技伦理意识，即在应用人工智能技术时考虑到伦理和社会责任。这些新要求使得管理人才需要具备更广泛的技能和素养，以适应未来管理工作的挑战。其次，管理学科知识课程体系将发生变化和重构。人工智能的发展催生了新型管理课程的出现，如智能管理与企业变革、人工智能与大数据方法、大数据与商务分析等。这些新课程融入传统管理专业教育，推动了管理专业知识体系的改造升级，更加贴近当今数字化和智能化管理的需求。最后，管理教育依托模式通过 AI 赋能进行了迭代升级。人工智能为基础的传统管理教育平台转型升级贡献了力量，例如人工智能与数据科学应用实验室、企业数智化转型虚仿实验平台等。这些平台为学生提供了深入实践和体验的学习环境，帮助他们更好地理解和运用人工智能技术。这不仅有助于提升管理教育的质量，更推动了教育模式的持续创新，使其更精准地满足学生的学习需求和未来职业发展的要求。新兴技术在管理教育中的促进作用是显著的，但同时也伴随着一系列现实挑战，例如，新技术表面化附着于传统经管知识体系、师生数字思维和创新能力的培养不足、侧重单学科知识传授、难以满足跨界融合的需求等困境。我们迫切需要深入探讨如何在人才培养和专业建设中有效融合这些技术，以更好地迎接人工智能时代管理教育的挑战。

我们认为，人工智能时代管理教育的突破路径主要有三点：树立AI思维，引领管理教育的发展；打造人机协同的管理教育生态系统；培育面向未来的创新管理人才。

首先，树立AI思维意味着要积极拥抱AI技术，并以此引领管理教育的革新。这需要我们重新审视教育目标，转变思维方式，跳出传统思维框架，以更加开放的姿态迎接未来的挑战和机遇。通过跨学科融合，培养学生跨越学科界限，拓展思维边界，从而更好地适应未来社会的发展需求。重要的是，我们需要思考两个关键问题：如何拥抱变革？如何推动自身的发展？

其次，要打造人机协同的管理教育新生态，使人类智慧与人工智能技术相结合，共同推动管理教育的进步。首要任务是重构课程体系，当前已到了必须重构的时代。每次专业培养方案的修订都应基于知识结构和体系发生的本质变化，而不仅仅是表面的调整。文科类院校需培养具有技术特色的人才，以适应新技术的发展，而技术类院校则应加强人工智能技术工具的应用，促使AI赋能科技的进步和发展。以管理教育中金融人才培养为例，结合人工智能技术，经济管理课程可以涵盖智能金融、量化投资等内容，向学生传授如何运用机器学习算法、自然语言处理技术等进行金融市场预测、资产配置和投资决策，培养学生在金融领域的创新能力和竞争优势。课程体系的重构需要紧跟时代发展步伐，以确保教育内容与社会需求保持同步。另外，我们还需要重塑教育过程，推动教育方式的变革。例如引入个性化学习、项目驱动教学等，以更好地培养学生的创新能力和解决问题的能力。借助人工智能技术，教育管理者可以更准确地了解学生的学习情况、教学效果和教学资源利用情况，从而优化教育资源配置，制订更科学的教学计划和政策。虚拟现实和增强现实技术也可以为学生提供更加身临其境的学习体验，促进学生的沉浸式学习，提高学习的参与度和吸引力。而在教育过程中，教师和学生的角色需要重新定义，人工智能可以作为教师的智能助手，提供教学资源的推荐、作业批改、学习进度跟踪等功能，减轻教师的工作负担，让教师更专注于教学设计和学生指导。

最后，培养面向未来的创新管理人才是管理教育的使命所在。这些人才不仅需要掌握传统的管理理论和实践技能，更需要具备前瞻性的创新意识、跨学科的思维方式，以及解决复杂问题的能力。他们将打破常规，勇于探索未知领域，成为引领社会变革的中坚力量。为了培养这样的人才，我们必须从教育过程的各个环节入手，深入反思我们的教学目标、内容和方法。只有通过这种系统性的改革，才能确保我们的学生具备扎实的专业知识、创新的思维能力和实践的能力，以应对未来管理领域的挑战和机遇。

第四部分是对 AI 赋能管理教育的思考与展望。

未来，人工智能赋能的管理教育必须从国家战略的高度出发，引导教育的发展方向。随着技术的快速迭代，教育必须与时俱进，教师和学生都应培养终身学习的习惯和能力，不断提升技术应用能力和管理实践能力，以适应未来社会对人才的需求。教育的新模式不应仅仅局限于毕业证书的取得，而是要注重学习的持续性，以保持个人竞争力和社会创新力。人工智能是一把双刃剑，我们必须以开放的心态拥抱它，并深刻理解其潜力和局限性，以便进行有效的规划和实施。在管理教育领域，学科建设者们更应坚守学科底色，坚持伦理和价值观的原则，将人工智能技术与管理科学相结合，推动新技术变革的有效实施。除此之外，我们还应主动探索人工智能理论与技术基础和管理学科相融合的有效途径，通过学科交叉促进创新能力的培养，加强在学科交叉前沿领域的链式创新突破。

数智时代管理案例教学的挑战与思考

朱方伟

（大连理工大学经济管理学院）

数智时代的发展对管理案例教学提出了严峻挑战，也带来了创新机会，本文从具体案例出发，探讨相关的思考。

2020年初，新冠疫情暴发，随之出现了线上课程的大面积普及。那个时候，我们面临的不确定性是：线上的课程是否会全面替代线下的教学，教学模式会不会有颠覆式的创新和发展？这就让我思考：新技术的出现究竟改变了什么、挑战了什么，以及我们应该坚持什么。然而，经过实践检验，我们发现线上教学的效果并不理想，绝大多数的学生都希望回到教室，面对面地交流讨论。由此，我们必须重新系统思考在新技术出现后应该如何调整教学方式——尤其是基于构建主义逻辑的案例教学，在数智时代该如何演进。两个月前，我指导的一位MBA学生使用ChatGPT完成了一篇毕业论文，尽管这篇文章的质量不尽如人意，但让我深刻意识到人工智能技术对教育产生的影响——人工智能生成的内容与人类创作的内容之间的区别以及给教育带来的挑战。

当前我们要探讨的是，在数智化背景下的案例采编和案例教学中，哪些方面是应该改变的，哪些方面是应该坚持的。案例教学的过程是紧密结合企业实践的情境，高度依赖讨论与交流，进而在思想的碰撞中构建理论，探讨解决问题的思路与方法。我认为，在拥抱新技术的同时，更要深刻思考如何坚持和发展我们的案例教学。

我们从20世纪80年代初开始引入案例教学，这源于中国工业科技管理大连培训中心项目，参加培训的学员大多是国企高管，由美方外教授课，同时将哈佛大学案例应用于培训中。由于中美经济体制、文化制度差异很大，发展阶段和水平也不同，哈佛大学的案例在学员的分析中往往隔靴搔痒，很难达到预期的教学效果。因此，美方专家和中方教授专门组建了一个案例采编组。1982年，原国家经贸委同意批准案例采编组在京、沪、沈和大连四地与企业共同开发中国本土企业的案例。1986年，原国家经贸委拨款60万元在大连培训中心建立了中国第一个管理案例库。在那个时代，要深入企业采集案例和在课堂教授案例都是极其困难的，因为企业不愿接受，教师也没掌握案例采编的方法，但是由于课程教学有需要，所以我们就一直坚持不懈将案例教学作为大连理工大学的特色方向进行培育，为今天的案例共享生态奠定了扎实的基础。2007年5月，我们在全国MBA教指委的指导下，成立了中国管理案例共享中心。中心以"统一规范、分散建设、共同开发、资源共享"为宗旨，致力于中国本土案例的开发、研究和共享，提炼有中国特色的管理理论和方法，成为全国MBA培养院校的教学与科研基地、师资培训中心、国际学术交流的窗口。中心按照"平台化思路"进行建设，实行会员制，现有会员单位300余个，拥有8 400多个案例，已成为国内最大的案例库。中心自成立以来，围绕案例库建设、案例师资培训、案例研究、案例企业基地建设及国际交流合作等开展工作，组织形式多样的活动，极大地促进了国内商学院案例教学与案例研究的繁荣发展。

我们认为中国管理案例共享中心应该聚焦中国的企业实践，讲好案例故事。从2018年开始，我们进行了重点案例的研究，这些案例基本上与整个经济社会发展的前沿紧密相联，每年讨论发布的重点案例主题也基本上反映了时代的热点问题。分析这些重点案例的发展过程，可以发现经济社会发展的内在规律。

在人工智能和大数据时代，尤其是在移动互联网时代，我们的案例教学和分析遇到了一些挑战。国外部分院校在进行案例分析大赛时，通常处于一个封闭的环境，即要求参与者断开手机、电话和网络的连接。但我们认为这种方法并不符合现实的管理决策环境，于是全国管理案例精英赛仍然采用开放式研究环境，允许参赛案例分析团队与外界进行大量信息数据交互，模拟现实的开放管理决策环境。目前，活动的参与度很高，每年有超过2万人参加我们组织的管理案例精英赛，而且都非常享受这个参赛过程，也有十分丰硕的收获。

经过30多年的探索和实践，我们从案例采编、案例库建设、案例基地建设、案例教学与师资培训、案例分析大赛、案例研究、案例期刊、案例学术组织等方面系统推进，已经形成了一个相对完整的案例生态体系。我始终在思考，如何构建一个面向全国管理教育者的案例资源平台，以促进全国管理专业案例教学资源共享、研究资源共享、学术成果和国际合作共享，尤其是在当前的数智变革的时代，我们更要思考如何既要适应时代变革发展趋势，又要坚守案例发展的初心和规律，把中国特色案例事业发展好。

因此，在不断迭代的过程中，必须考虑信息技术和人工智能的发展对种种策略带来的变化。数智时代的案例教学更需要考虑实践和理论的结合，这在每位老师采集案例和进行案例教学时都需要关注。同时，我们也应该探讨，案例分析是否可以采用人机对话形式，通过提问和回答的方式，迅速得出结论，案例采编是否可以通过大数据不断获取信息等，这些或许还将经历一个漫长的过程。

以下是我对于数智时代管理案例采编以及案例课堂教学的一些思考：

一、数智时代的管理案例采编

管理案例采编一定是服务于案例教学的。案例教学需要有情境、协作、规划和有意义的学习路径。案例包括五个基本要素：包含难题、说明理论、引发冲突、强制性决定和足够的信息。"包含难题"，指的是好的案例应包含一个核心的难题，使案例讨论始终围绕这个难题进行。"说明理论"是指每个教学案例都要明确在教学上的用处，要说明一个理论。"引发冲突"是强调争议性是好案例讨论的基石，教学案例要能引发冲突、思考和辩论。"强制性决定"是指好案例通常要求学生作出自己的决定，从参与者的角度来思考问题也会使他们更有紧迫感。"足够的信息"是便于学习者运用信息进行逻辑分析和批判性思考，提出有针对性的解决方案。在数智时代，案例的基本要素还应该存在，这样才能够满足案例教学的需要。

基于以上案例基本要素，数智时代也对案例采编提出了新的要求。首先，对于数智时代下的管理难题和冲突，案例采编必须充分了解数智时代的商业实践特点，找准聚焦的管理问题，能够在数智时代情境下准确生动地描绘出企业管理的问题。这也就意味着案例采编者需要持续学习数智时代的技术特征、业务特征和管理模式，与特定管理知识领域相结合，完成管理教学案例的开发。其次，案例采编者需要明确教学的内容，明确最适用于解释数智时代管理案例难题的理论知识。这个挑战一方面源自数智时代的管理理论正处于理论发展的丛林期，新兴理论正不断涌现，但是理论的成熟度并不高；另一方面则来源于案例采编者的理论素养和理论知识学习能力。案例采编者只有具有深厚的管理理论基础和前沿理论的学习与辨别能力，才能够对数智时代管理案例的教学目标进行系统和精准的设计，进而通过案例教学传播科学合理的管理理论知识。另外，在数智时代，对我们影响很大的还有"信息"这一要素。同时，人工智能对决策底层逻辑的推理可能会超越或替代现有的交互式岗位，这是我们面临的难题。在教学案例设计过程中，我们通过案例情节展示让学生梳理知识线，而管理案例开发的过程则是通过知识线去组织呈现案例情节，形成教学内容，然后在课堂上逆向进行，形成一个闭合的循环。在这个过程中，哪些环节会受到新实践、新技术的影响，也是我们必须考虑的问题。

总结数智时代管理案例采编的变化性特征，主要体现在以下三个方面：第一，管理案例的数智主题日益凸显。我们案例库中以数字和数智主题入库的案例已经有300余篇，包含数字化转型、数字化平台、数字营销、数字战略、数字创业、供应链数字化等关键词及相关主题的案例数量增长趋势显著，而且使用者的数量也在不断增加。这个现象一方面反映出数智时代的新兴管理实践不断涌现，另一方面也反映出学生对于体现时代性特征的管理案例的需求在日益增加。因此，管理案例的情境性嵌入优势要求从教学案例选题选择、案例企业实践典型性方面对数智时代特征予以关注。但是，要注意避免跟风性、重复性主题的教学案例采编与开发，应该鼓励深度聚焦数智时代的管理主题，将管理难题具象化。第二，管理案例形式的多样性持续增强。案例的素材正在发生变化，我们原来的案例很多都是文本形式。由于短视频等技术的普及，视频素材的比例逐渐提高。曾经拍摄视频案例的成本非常高昂，但现在，技术的进步使视频素材变得更加容易获取。这意味着在教学中，技术能够提供的综合素材的质量和多样性在不断提升。同时，数据存储技术的发展也意味着我们可以在网络上输出与企业相关的大量素材。因此，案例素材的多样性也对数字案例资源的建设提出了要求，如何通过多种数字技术使得在保证案例教学设计的同时呈现更加丰富、直观的案例信息，增强情境嵌入式的学习体验感，这是案例采编和案例教学共同要思考的问题。第三，数智时代管理案例难度的复合性正在提升。聚焦案例难度三维立方体，"管理+数智技术"的主题变化和案例素材的变化导致案例在分析思考维度、概念方法维度、信息表达维度三个维度上的难度系数不断提升。在案例分析中有必要考虑的要素在增加，特别是数智技术和新兴管理实践显著增加了案例的概念方法和信息表达的难度。这实际上给学生在案例学习过程中带来了挑战，也给教师在驾驭课堂教学方面带来了难题。

二、数智时代的管理案例课堂教学

在案例教学实施期间，我们更多的是通过对企业管理情境的讨论、深度交流和反馈，让学生在此过程中理解知识。在这个过程中，实践问题如何讨论、如何总结，都与信息技术发展紧密相关。数智时代的商业实践已经涌现出了新的企业管理情境，"万物互联"的新型商业模式持续涌现，数据价值提炼和新型管理实践不断迸发，数智技术赋能效率提升的场景持续扩大。这使得数智时代的商业实践呈现出从业务在线到全景应用、从静态结果到动态过程、从标准流程到个性服务、从自动化到智能化、从封闭组织到开放生态的典型特征。因此，对于数智时代的管理案例教学，首先需要认识到管理知识所嵌入的情境正在发生快速而巨大的变化，而案例教学对于数智时代企业管理情境的迫切需要已经成为实现案例教学讨论、深度交流、反馈和解决问题的重要前提条件。

案例教学的核心逻辑是构建主义理论，强调知识不是被传授的，而是学习者在一定的情境基础上，通过合作、交流、讨论形成理论构建的过程。对于管理教育而言，如何通过案例描绘实践中的管理问题，如何针对实践性管理问题研究形成能够解释实践和指导实践的理论，如何传播理论知识和应用理论知识解决实践中的问题——这些是案例教学需要具备的基本条件。因此，当我们关注数智时代管理案例教学的挑战时，首先，需要思考数智时代的突出管理实践问题是什么，是否能够充分描述这些实践问题，特别是是否能够形成合适的案例素材来清晰描述这些管理问题，这同时也涉及管理案例的采编。其次，案例教学需要运用成熟的理论知识解释实践问题和解决实践问题。因此，数智时代的管理案例教学其实也对适用于解释数智时代管理实践的理论知识提出了较高的要求，这也意味着学界需要承担起探索数智时代管理理论的责任与使命，为管理案例教学提供更加能够解释数智时代管理实践规律的理论指导。最后，案例教学还需要在教学过程中完成知识的传播、学习者的知识建构和知识应用。因此，数智时代的管理案例教学过程和教学课堂的组织、学习者的学习过程以及建构过程是否需要基于数智技术的新的教学形式、教学手段、教学过程，也是值得思考的话题。

毋庸置疑，下一阶段的案例教学将会越来越不容易。因为教师无法预知学生在课堂外能获得哪些信息，以及教师和学生之间的信息是否能够对称。然而，案例教学对教育仍然具有重要作用，尤其当我们讨论知识在实践过程中的传输有效性和留存率的时候，案例教学作为典型的基于讨论和实践的主动学习，相较于被动学习仍然具有显著的突出优势。目前，人工智能对教育的影响尚未达到能够取代讨论和实践的程度，案例教学中仍有许多方面是可以接受的。

当然，我们也需要认识到，当前时代的案例教学对象和案例课堂组织正在发生变化。学生的数据分析能力和信息搜集能力正在日益增强，例如，过去我们需要找到企业主管才能解决问题，现在学生可以直接利用数据进行案例分析。另外，人工智能产品的不断完善也提高了学生寻找理论的能力。教育数字新基建的基础也正在发生变化，即原有的教学场景正在不断发生变化。"数字素养"成为在教育会议中被不断提出的要求，教师的素质和素养是教育的核心要求，包括教师适应新技术的速度提升。数智时代的案例课堂组织，更加需要注重利用新兴数字技术推动如下的转变：教学方向更要推动从单向互动转为双向互动，教学组织的方向从教师到学生，再到双方的互动的方式，新兴实践下讨论空间不断扩大。教学逻辑更要推动从"要我学"转向"我要学"。随着自主运用数据分析技术分析新兴实践的能力增强，以及新兴实践的吸引力增强，学生将会更加主动地学习。教学环节更要推动从"课上"转向"全周期"，学生将在课前、课后有更多的机会运用数字化工具方法获取更加开放的案例体验、更丰富的案例数据、更贴近现实的案例情境、更深入的情境嵌入感知，学习的持续性更强。教学形式更要推动从"听理论"转向"找理论"。智能化工具赋予了学生理论搜寻的便利性，更能够锻炼学生多方位立体寻找适合解释实践的管理理论和方法。

此外，在传统案例教学的能力培育基础上，数智时代的管理案例教学还能够培育基于数据和数字技术的分析能力、决策能力、创新能力。我们对问题的认定和最新框架的建立，以及涉及逻辑性推理的方面，都可能受到数据分析能力的影响，包括决策条件的分析、方案设计等，也会受到人工智能和大数据的影响。同时，解决方案的开放性也在变化。总而言之，案例教学的互动式学习模式本质没有变，但是互动基础正在发生变化，互动的方式和范围也在变化。其中互动的基础主要体现为师生、生生、学生和企业家等主体之间对于数智技术和方法的了解基础、数智商业实践的认知基础、数据分析技术和方法的掌握基础方面存在变化和差异。互动的方式主要体现为在原有面对面的互动基础上可能叠加了更多的在线投票、在线弹幕、在线数字化资源共享等互动的方式，增加了互动的丰富程度。互动的范围主要体现在不只是师生互动、生生互动，还有人机互动、课堂内外资源互动和案例内外情境互动等，互动的范围越来越大，互动的深度也在增加。

案例教学课堂中互动式学习的变化，也使得案例教学的理论构建过程发生变化。针对案例教学的理论构建逻辑，以往我们从焦点理论的"点式"内容，延伸出结合主线分析思路的"线式"内容，再拓展到整个案例讨论过程设计的"面式"内容，以实现提问过程与分析过程的同步，思考、联系与记忆过程的同步，实现"形散而神不散"的系统思考，推动学习者完成理论的构建过程。在这一过程中，要将分析的切入点、分析的关键点、分析的难点和核心知识点有机统筹，要通过多种互动方式和互动过程实现理论和实践的有机结合，使学生能够理解管理理论并将其应用于实践问题的分析与解决。而数智时代案例教学理论构建面临诸多挑战：第一，由于数智时代管理实践的复杂度较高，案例教学过程中理论构建的难度正在加大；第二，由于新理论的成熟度仍然有待提升，理论构建还要面临新理论对新现象解释力不足的挑战；第三，师生对数智时代管理实践的知识经验单薄，会影响案例分析和讨论的空间和深度，学生理论联系数智时代管理实践的能力有限，也可能导致难以有效建构理论知识，以及难以指导科学决策和有效的情境迁移。

总之，数智时代背景下的管理案例教学，整个案例学习的环境已经从封闭的案例环境切入转变为开放的环境感知，案例情境的嵌入也从单一的方式转变为多元立体的嵌入，课堂互动的方式也从单一方式转变为更为丰富的方式，但无论如何，学生的主动学习动力仍然应当得到保证。在这一过程中，我们一方面需要积极拥抱数字化带来的变化，并利用数字技术来优化和赋能我们的案例教学；另一方面，我们应该继续坚持案例教育的方法，深入数智时代的中国企业管理实践。我认为，现今的管理学科教师仍然需要深入企业一线，了解当前企业管理的具体细节，与企业家进行持续、深度的交流，保持对新兴管理问题和管理实践的敏感度。这些工作在目前阶段是人工智能技术难以替代的。此外，我们还应该继续发展双向互动的学习模式，以及管理案例的开发和教学生态的建设，这些是数智时代的案例教学仍然需要坚守的案例教学本质。同时，我们也需要与时俱进地围绕数智时代进行数字化案例教学资源的建设、数字化教学基础设施的建设、教师数字素养和能力的建设以及数据实践应用和对话能力的建设，以适应数智时代的案例教学需求。接下来，我们可能会发现案例素材结构、教室环境和设备配置都将发生变革，我们需要去引领这种变革。如果我们不拥抱时代的变化，案例教学可能会停滞不前。

最后，希望大家继续关注中国管理案例共享中心，我们将一如既往地与大家共同研究中国企业的管理实践，总结中国管理理论，讲好中国故事，培养中国管理人才。

融合、蜕变、新生：
新商科建设的若干思考

汪旭晖[1]　姜明[2]

（1.东北财经大学　2.东北财经大学智慧校园建设中心）

一、数字时代下的商科教育变革

　　新商科建设的问题，应置于我们当前所处的时代背景考量。当前我们正在经历一场前所未有的新商业革命，我们所处的时代正在被互联网、大数据、云计算、人工智能、区块链等技术深刻塑造，新产业、新模式、新业态不断涌现。颠覆、整合、跨界、创新成为不可逆转的趋势和主题。

　　正如英国文学巨匠狄更斯在《双城记》中所言："这是最好的时代，也是最坏的时代。"在这个时代，诸多曾经遥不可及的场景正逐一变为现实，带来了前所未有的机遇，同时也伴随着诸多严峻的挑战。传统商业模式遭受新兴业态的猛烈冲击，众多传统产业急于与数字化浪潮融合，以期寻求生存与发展之道。然而，这一过程中若缺乏深思熟虑与精准定位，便极易在各个领域催生出庞大的数字化泡沫。对于企业而言，数字化转型是大势所趋，但在这场变革中，保持并强化核心竞争力却成了一个容易被忽视的关键点。一些企业在追求数字化升级的过程中过于注重形式与技术的堆砌，忽视了自身在市场上的独特优势与核心竞争力，最终可能陷入"数字化陷阱"。此外，数字时代带来了一系列的伦理问题，这些问题错综复杂，需要我们以全新的视角去审视和解决。

在数字颠覆的时代，"跨界打劫"屡见不鲜。著名的科幻小说家刘慈欣在《三体》中提到"我消灭你，与你无关"，意味着即使企业拥有最优的产品、最合理的价格、最吸引人的广告，一个来自跨界领域的竞争对手也可能突然崛起，给其带来毁灭性的打击。这种"跨界打劫"的案例在各行各业中频繁上演，提醒我们传统的管理模式和营销模式正面临前所未有的挑战。因此，我们为企业制订的咨询方案若仍拘泥于传统框架，便可能因无法适应快速变化的市场环境而失去效力。

新时代的商业实践变化呼唤商科教育的变革。在新的时代背景下，我们研究的对象、商科研究的范式以及人才培养模式均须与时俱进，其根源在于人才需求的变化。ChatGPT等生成式人工智能技术的快速发展对众多行业造成了深远影响，许多传统行业在其冲击下逐渐边缘化，若不进行转型与升级，将面临严峻的生存挑战。这一趋势不仅加速了行业的变革，也进一步加剧了结构性就业矛盾。一方面，很多毕业生找不到合适的工作；另一方面，数智时代催生的很多新业态、新模式、新产业却招不到适合的学生。这促使我们反思，我们的人才培养方案出了什么问题？我们培养的人是否适应新时代？数字时代人才的需求发生变化，新时代我们需要什么样的人才？我们需要懂管理、懂商学、懂新应用技术、懂新思维的新型复合跨界人才。其中新思维包括新的商业伦理思维、哲学思维、大数据与人工智能思维、交互思维、美学思维。人才需求的变化呼唤学科交叉融合，对传统教育模式和学科布局提出了挑战。

二、新商科的内涵特征——学科属性与专业属性

为了应对新经济对工科教育带来的挑战，教育部率先提出新工科建设，并随后进一步提出了涵盖新工科、新医科、新农科、新文科在内的"四新"建设。从教育部发布的相关文件中可以看出，"四新"建设的核心在于促进学科交叉融合。在国家大力推进"四新"建设的背景下，新商科应运而生。它是高等教育中与经济发展、市场需求结合最紧密的领域，不仅是单一的专业范畴，更是一种具备鲜明学科属性的教育模式。

从2017年至今，每年都有大量的关于新商科人才培养、新商科建设规律的研讨文章出现在学术期刊上，我们也看到了越来越多研究新商科、新文科的文

章。那么我们怎么去认识新商科呢？新商科既属于学科的范畴，也属于专业的范畴。目前很多关于"四新"和新商科的认知和探讨侧重于专业层面，比如在目前公布和发表的很多关于新商科建设的政策文件和研究文献中，很多都把它定义为"新工科专业"或"新文科专业"。但实际上，它是集学科属性和专业属性于一身的概念。这个问题是否厘清，不仅关系到新商科的内涵界定，更关系到新商科的建设目标、建设内容和建设路径的选择。

新商科建设首先具备学科的属性，它强调不同学科的交叉融合，这种融合超越了以往相近学科间的简单结合，展现了一种任何学科间均具备融合可能性的新视野。例如，在数字时代背景下，传统金融学的某些理论与方法正逐渐显露出不适应甚至衰退的迹象，而金融学与计算机科学的深度融合则催生了金融科技这一新兴领域。同样，营销学与神经科学的交叉融合孕育了神经营销学，另外还有智慧会计等。这些新学科的产生经历了融合、蜕变、新生的过程。在融合的过程中，两个原始学科中的许多传统元素可能会逐渐凋零、弱化或被削弱，但同时也会催生出全新的内容，慢慢地形成独立完整的知识体系和研究范式。这是新商科的学科属性。

专业属性则侧重于适应新商业环境的课程体系的构建与人才培养模式的创新。为了有效推动新商科的发展，我们必须深刻理解并准确把握其学科属性与专业属性的统一，这样才能有效避免传统大学建设中存在的学科建设与人才培养脱节的问题。重学科轻专业或者重专业轻学科都不利于新商科的发展。另外，新商科是新文科的重要组成部分，它既包括新的商科类学科和专业，又包括商科类学科和专业的新要求。前者是一个全新的领域，后者是要对传统商科类学科和专业进行优化、调整、升级、换代。新商科本质上是中国高等商科教育供给侧结构性改革，是一场基于数字思维的商科教育革命，是融合、蜕变、新生的质量革命。这种变革不是简单的元素叠加，而是产生了深远的化学反应。

三、新商科的融合、蜕变、新生

我们更深入地剖析一下新商科的"融合、蜕变、新生"这一过程。学科专业的融合进程中，不同领域的知识体系会发生激烈的碰撞与交融。原有学科内核会受到侵蚀，内容和范式会发生根本性的变化。传统学科经历蜕变，最终产生新学科，形成自己独特的研究范式和体系。我们称之为"融合、蜕变、新生"的过程。

具体理解这一过程，我们可以看到所有学科的边界都在泛化。一个学科要独立存在，它必须有区别于其他学科的、明确稳定的研究主题，这些主题构成这个学科相对稳定的内核。在明确稳定的内核之外，所有学科往往有附着于内核并与内核发生各种各样关系的其他支撑主题，这构成学科的外围。内核的边界就是学科的内边界，外围的边界就是学科的外边界。

以市场营销为例，传统市场营销经过多年发展，形成了营销战略、品牌管理、渠道管理等稳定的研究主题，构成了营销学科的内核。然而，传统营销学科与其他很多的一级学科、二级学科、交叉学科都存在着或多或少的联系、交织和碰撞，如经济学、传播学、遗传学、心理学、计算机科学、神经科学等，这些学科构成了营销学科的外围。外围的学科在与内核碰撞的过程中，会逐渐丰富内核的内涵，让内核的一些东西发生变化。市场营销学为更好地满足顾客需求的本质要求不变，围绕着"价值创造—价值提升"的主线不变，但是在外围学科对内核发生冲击的过程中，营销的内容体系会得到丰富、完善甚至部分的改变。这个过程就是一个融合、蜕变、新生的过程。

在这个过程中，我们看到越来越多的"液态"学术组织、"液态"教学组织开始兴起。什么叫"液态"学术组织？就像水倒到地面上，就会一下子散开，看不到它的边界。传统学术曾一度局限于小圈子内，但如今这一合作界限已被打破，跨界研究的学者正更广泛地参与到各类会议中。这种跨界研究和教学活动的重要性日益凸显，学界和业界的呼声也愈发高涨。讨论的焦点集中在不同学科专业的交叉融合、学科群的专业化发展趋势、学科专业与新技术的深度融合、"液态"学术共同体经济，以及新型政产学研一体化模式的推动等方面。随着这些趋势的发展，新的学科专业不断涌现，新的教育模式逐渐形成。未来的发展趋势预示着新商科将与新兴学科持续融合、分化、蜕变、再生，形成一个循环演进的动态过程。例如，神经营销学、神经经济学等作为当前学科交叉融合的产物，未来还将继续与更多学科进行融合、分化与再生，从而孕育出更多的新学科、新专业以及与之相匹配的人才培养模式。尽管目前我们可能对这些新领域的具体形态尚不完全清晰，但它们无疑将对我们的教育和研究产生深远影响，并引领我们进入新的学科探索时代。

归纳而言，融合指的是不同学科专业之间的深度交叉与融合，推动学科群、专业群的迅猛发展，同时促进这些学科专业与新技术紧密结合，"液态"学术共同体逐渐兴起，以及新型政产学研一体化模式的深入融合。蜕变则是指在这一过程中，传统学科的内核受到挑战与侵蚀，部分传统专业可能面临衰退，而传统育人模式也可能因不适应时代需求而逐渐失效。新生则代表了融合与蜕变之后的崭新面貌：传统学科专业经过转型升级焕发新生，新兴学科专业应运而生，同时伴随着全新的教育模式与育人理念的诞生。展望未来，新商科将与新兴学科再度融合、分裂、蜕变、新生，形成周而复始的循环演进路径。

四、新商科的建设路径

在这样的背景下，我们如何建设新商科？我们认为主要应抓住以下几个方面：

（一）积极推进学科的交叉融合与创新

商科研究需要融合其他学科的理论和方法。以营销研究为例，除了传统的问卷调查方法，还可采用眼动仪、脑电仪等神经科学工具来精准记录与分析广告效果，这体现了营销科学与计算机科学、神经科学等领域的紧密结合。马斯克的脑机接口研究更是跨学科合作的典范，没有多学科的协同努力，这样的创新工作难以完成。计算社会科学、计算法学、智能传播学、数字人文等都是有别于传统学科的新型交叉学科。那么，我们如何具体落实学科的交叉融合呢？首先，要打通商科内部的学科壁垒，如将会计学、财务管理、电子商务、市场营销等相互融合，这要求学校在制订人才培养方案时前瞻性地进行充分考虑；其次，推动商科与人文科学、社会科学的交叉融合，如主动将商科融入法学、新闻传播、商务英语等其他文科；最后，加强商科与理科、工科、技术科学等学科的交叉融合。在这个过程中，要特别鼓励商科与新科技革命的交叉融合，运用互联网、大数据、云计算、人工智能等技术改造传统学科专业。

（二）构建新商科一流专业的课程体系

教育部的"双万计划"提出了一流课程和一流专业，它们的示范效果如何、是否得到广泛应用，值得我们思考。对于新商科建设而言，这无疑是一个宝贵的发展契机。为了有效抓住这一契机，我们需要采取一系列有针对性的改革措施，包括但不限于：通过问题导向的跨学科教育构建跨学科的专业学习与新商科课程、按照问题导向设计人才培养方案等。

（三）将颠覆性的改革与团队建设相结合

新商科需要的人才是多种技能、多种知识融合的人才，我们是否具备这样的师资？按照现有的博士培养方案，许多留校博士，尤其是海外归来的学者，其研究领域往往较为局限，甚至难以独立支撑一门完整的课程。因此，我们必须探索改革路径，以适应新商科人才培养的新需求。第一，要多措并举，强化人才引进与培养机制，特别注重交叉型人才的引进与培育。例如，在市场营销领域，对于客户画像与精准营销、大数据建模及可视化等课程，应优先考虑聘请既精通市场营销又熟悉大数据技术的教师，而非单纯由计算机背景的教师承担教学任务。第二，要激励现有教师拓宽视野、更新教育理念，并提升他们的数字化教学能力。要鼓励和支持教师"走出去"，到企业挂职、调研，深入了解产业、了解企业，同时通过培训优化调整知识技能结构，从而更好适应学校新商科建设的要求。第三，应积极借助社会力量补充师资力量，敞开大门，采取多种灵活方式，加大业界兼职教授、兼职讲师聘用力度，将业界最新的科学技术手段及先进理念与实践经验引入新商科建设。第四，加强跨学科教学团队和科研团队建设，通过不同学科背景师资的互补，实现有效的交叉融合。

（四）加强新商科教材体系建设

当前，商科教材在科学性、时代性和前沿性方面尚显滞后，难以跟上商业实践的快速发展步伐，更难以适应学科交叉融合的新趋势。具体而言，存在两大显著问题：一是众多教材直接移植国外理论与方法，缺乏对中国特色社会主义经济发展实践深入剖析的"本土化"理论构建。这种教材在应用于解释和解决中国实际问题时，往往显得生硬且缺乏适应性，难以达到理想效果。二是教材体系发展滞后于经济发展。一方面，商科教材体系的更新速度未能跟上经济发展与变革的步伐，旧的理论与方法难以应对不断涌现的新问题和新挑战；另一方面，现有商科教材在学科间呈现出明显的"割裂"状态，缺乏跨学科的整合与融合，这与经济活动的实际运行状况相脱节。

（五）打造多主体协同的育人模式

新商科建设应创新"校企、校政、校校、行业、国际"等多方面协同的育人模式，大力推进开放合作办学，加快形成产教融合、科教融合、校企合作、中外交流的协同育人长效机制。多主体协同育人模式是否成功，取决于多主体是否能实现共赢。我们许多校企合作、校政合作的项目，尽管初时声势浩大，却往往难逃黯淡收场或成效不佳的命运，其根源在于双赢理念的缺失。我们是否真正倾听并满足了企业与政府的需求？在寻求外界支持的同时，我们更需反思自身能为合作方带来何种长期价值，而非仅限于短期成果。因此，建立一种持久且互惠的合作机制变得尤为迫切。在此过程中，现代产业学院的建设被赋予了新的重要性。

现代产业学院的核心在于促进产业与专业课程的深度融合，以及人才与科研成果的敏捷对接，这一模式对于构建可持续发展的合作生态至关重要。对于研究型大学而言，同样可以通过现代产业学院的建设，实现多主体协同育人，对新商科建设起到促进作用。

（六）深化创新创业教育改革

创新教育是关于科学思维、科学方法、科学精神（敬畏自然、尊重规律）的教育，重在培养发现新知识、新理论、新技术、新方法的能力与意识。创业教育是关于责任担当、整合资源、合作分享精神的教育，重在培养发现新机遇、创建新模式、接受新挑战、整合新资源、创造新价值的能力与方法。"双创"教育与新商科的人才培养目标定位是高度吻合的。新商科建设必须高度重视"双创"教育，要深化创新创业教育改革，把创新创业教育融入人才培养全过程，强化人才的商业能力培养，积极培育具有创新创业精神、创新意识与创业能力的新商科人才，致力于为社会输送更多潜在的创业者、管理工匠以及未来企业家的胚胎或种子选手。

（七）加强和改进商业伦理教育

科技发展、数字经济会带来越来越多的伦理问题，包括数据隐私保护问题、人脸识别技术的滥用、大数据个性化定价引发的争议、算法偏见与伦理问题，以及基因科技、生命科学和克隆技术等前沿领域对人类自然属性、社会结构和道德观念的深刻影响。这些议题不仅触及科技边界，更触及人性与伦理的核心。展望未来，新技术与智慧机器人的深度融合无疑将开启一个前所未有的变革时代。然而，随之而来的问题同样不容忽视：人类的存在意义何在？机器人是否会跨越界限，逐步取代人类在社会经济活动中的核心地位？尽管这些问题看似遥远，但科幻电影中的场景正逐步成为现实，提醒我们必须未雨绸缪，深入思考并应对即将到来的伦理困境。

特别是我们财经院校培养的人才，在金融领域内遭遇的挑战与问题较为突出。我们需要反思：是教育体系本身存在缺陷，还是毕业生在步入社会后偏离了道德轨道？这一现状无疑为我们敲响了警钟，强调了在教育过程中加强道德伦理教育的重要性。企业追求利益最大化，在人工智能快速发展的背景下，新的利益点不断涌现，如何在追求利益的同时顾及公众利益和社会责任，成为亟待解决的问题。因此，我们必须在人才培养的每一个环节都融入价值引领和思政教育元素，实现育人模式的守正创新。

五、新商科发展面临的深层次挑战与亟须探索的问题

(一) 新商科建设如何避免同质化

传统高等商科教育快速发展的过程中，出现了较为严重的同质化现象。例如，很多高校开设的商科类专业，从名称到专业方向、专业主干课程均无明显差异，缺乏特色。这种同质化倾向不仅会造成有限教育资源的低效和浪费，还会使高校的人才培养与区域经济发展对人才需求之间产生背离。

未来新商科建设不能再走传统商科同质化建设的老路，而是要在交叉融合中去寻求特色。现在很多学校都在建设人工智能专业，但不同学校的人才培养目标应有差异。在新商科建设过程中，如何实现错位化、差异化、特色化，是值得我们深思的问题。

(二) 新商科建设的组织模式如何设计

众多学校正积极探讨学科交叉融合，但文科类院校在学科群建设上的切入点往往较为模糊。商科类的学科体系能否有效地实现学科内部各学科之间的密切合作，学科群建设的组织模式如何设计，新商科的组织模式是否应以交叉学科和组织模式为主，包括成立跨学院的、跨学科的机构，或者与企业共建研究院等，都是值得思考的问题。

我们还需审视传统的二级学院组织模式是否足以支撑新商科的建设需求。如何打破学院边界，实现交叉融合？新商科的师资队伍建设，要求建立跨学科的教学团队和科研团队，但在学科交叉融合后，如何制订人才培养方案，教师的工作量如何认定，科研绩效考核如何奖励，这些问题也需尽快考虑。

(三) 如何在不同学科之间配置资源

每个学校都有基础学科、前沿学科、高峰学科等，但资源有限，我们通常倾向于将资源投入到优势学科。但是，非优势学科在学科群中恰恰可能是重要的组成部分。如果忽视它们的发展，也会影响到优势学科群的发展。因此，如何在不同学科层次之间进行有效的资源配置，以促进学科共生生态的建立，需要我们共同思考。

（四）新商科师资队伍建设的困境如何突破

如何才能突破新商科师资队伍建设的困境？其一，传统教育模式培养的师资队伍难以胜任新商科教学需求，如专业领域窄、学科壁垒强（商科与工科互不融通），这就要求多学科协作互补。其二，教师时间冲突与生存压力大，这要求教师分类管理与评价。其三，新商科师资匮乏，这就需要引进与培育并举、跨学科团队建设。

新商科教育正蓄势待发，即将翻开历史的新篇章，正如莎士比亚在《暴风雨》中所言："凡是过去，皆为序章。"无论过去的商科教育如何辉煌，都已成为历史的一部分。如果我们不直面这些挑战，不深刻反思存在的问题，便难以在发展的道路上实现质的飞跃。我坚信，在大家的共同努力下，新商科必将承载着新时代的使命，以新的逻辑、新的行动开启商科教育的新征程。

数字经济时代经济学拔尖创新人才的培养探索

陈斌开　梁银鹤

（中央财经大学经济学院）

为深入贯彻习近平新时代中国特色社会主义思想，落实全国教育大会精神、《中国教育现代化2035》和教育部相关文件精神，中央财经大学响应建设中国特色世界一流大学的号召，践行立德树人的根本任务，实现服务国家的最高追求，把学科建设作为发展根基，把深化改革作为强大动力，以经济学院为建设主体，联合相关学院，成立了"中央财经大学数字经济时代经济学拔尖学生培养基地"（以下简称"基地"），出台了《中央财经大学数字经济时代经济学拔尖学生培养基地建设方案》，成为国家首批基础学科拔尖学生培养计划2.0基地之一，脱颖为经济学人才培养模式的实验先行者。

基地以经济学院为主体建设单位，联合相关学院，集中全校优质资源，打造有志向、有志愿、有志趣的拔尖学生梦工场，努力建设成为中国特色、世界一流的经济学人才培养高地。基地致力于通过构建课程学习、导师引导、科研训练和社会实践等多维度、多层次、全方位育人体系，培养具有家国情怀、人文情怀、世界胸怀，具有开阔的国际视野和浓厚的本土意识，具有扎实的经济学理论功底和数据科学基础，具有批判性思维能力和创新精神，能够勇攀世界科学高峰的经济学卓越人才。

一、建设背景

基地在校党委的领导下，实行"基地管理委员会-基地双主任"高效运行机制，依托我校经济学院的党政班子、学科和师资，集合全校优质资源，开展教育教学工作。基地设有教研中心、交流中心和信息中心，专属管理、师资和行政人员共有5人，聘请了林毅夫、王广谦、姚洋等十余位专家作为基地指导顾问。基地通过构建课程学习、导师引导、科研训练和社会实践等多维度、多层次、全方位的育人体系，建设打造"启润书院"和"基地研讨室"，为师生自主、开放、平等的学习交流提供场所保障。

基地面向全校不同的专业，每年在大一、大二学生中进行招生宣传，通过资格审批、笔试、面试，招收约20名学生。基地本着立德树人的初心，坚持所选拔的学生品德、学业双优秀，认真细致、规范化地开展选拔工作，学生自愿报名并认同基地人才培养理念，每年进行动态调整，做到宁缺毋滥。目前，基地有在读学生44人，分别为2021级10人，2022级17人，2023级17人。2022—2024年基地共毕业39人，分别为2022届9人，2023届15人，2024届15人。

二、育人体系

（一）深耕"与国同行，经世济民"的育人理念

当前，中国特色社会主义进入新时代，高等教育事业发展也处于新的历史方位。同时，新一轮科技革命正以前所未有的速度从深层次改变着世界经济，亟须构建面向数字经济时代的一流财经人才培养体系。基地积极回应新时代中国经济学人的历史使命与数字经济时代对财经人才的培养要求，培养熟知中国经济、饱含本土情怀、具备国际视野的数字经济时代的研究型人才和高级经济管理专家。在基地的人才培养过程中，积极引导学生面向国家战略需求、人类未来发展、思想文化创新和基础学科前沿，增强使命责任，激发学术志趣和内在动力。通过系统化的经济学训练，学生能够掌握科学的经济分析方法，认识经济运动过程，把握社会经济发展规律，掌握数字时代的经济发展规律和大数据处理能力。

(二）厚植"精细化、重特色、强创新、促融合"的建设原则

基地成立以来，坚持"精细化、重特色、强创新、促融合"的原则。"精细化"：生源择优选择，注重因材施教，采取小班教学为主，投入高水平师资和高质量教育资源，实施"一生一师一方案"的精准培养。"重特色"：立足中国特色社会主义实际，牢牢把握数字经济时代特点，培养具备厚实的经济学基础，并能引领数字经济时代的综合性特色人才。"强创新"：重点培养拔尖学生的批判性思维能力和创新精神，提升学生理解、运用和发展中国特色社会主义经济理论的能力和水平。"促融合"：强调经济学科与数据科学等学科的交叉融合促进，培养出具有大格局、高水平的复合型拔尖经济学人才。

（三）创新育人制度保障体系建设

基地逐步构建起一整套全方位的制度保障体系。成立拔尖学生培养基地管理委员会，全面履行推进落实教育部基础学科拔尖学生培养计划高校主体建设责任，创新拔尖学生培养模式，指导基地建设。基地实行拔尖学生培养基地管理委员会领导下的主任负责制，并设置经济学拔尖学生培养指导委员会作为基地人才培养重要事项的咨询机构。基地下设教研中心、交流中心、信息中心三个二级单位，共同服务以经济学基地班为依托的人才培养工作。基地班于学生完成第一学年学业后，开展招生录取工作，依据学习能力和科研能力等方面的综合表现，经个人申报，采用初选、笔试、面试相结合的方式，从全校择优选拔。在学生培养过程中，采用科学化、多阶段的动态进出机制。

三、建设措施

基地在拔尖人才培养过程中坚持"精细化、重特色、强创新、促融合"的建设原则，持续提高拔尖人才培养质量，逐步突出了"时代化、本土化、国际化、理论化"的特征与亮点。

（一）拔尖人才培养坚持时代化，引领时代前沿

为适应数字经济时代的要求，基地在经济学培养方案的基础上，精心设计全新的培养方案，着重增加数字经济、数据科学等相关课程，进入基地班后学生要重点学习数字经济学、产业经济学、发展经济学、计量经济学、数理经济学、Python大数据分析基础、机器学习、自然语言处理、经典原著研读、当代中国经济等课程。

基地积极探索数字经济时代下中国特色社会主义经济学教材体系建设，组织教学团队编写"数字经济学"系列教材，并与互联网科技公司建立实践合作关系。2021年4月，基地联合相关单位举办首届"中国数字经济教育发展研讨会"，发起成立中国数字经济教育发展联盟，共同商讨如何应对数字经济对高等教育的挑战，以及数字经济时代高等教育人才培养模式的变革。

（二）拔尖人才培养坚持中国化，扎根中国实践

基地邀请学界业界领航人，引领学生思考真实世界的经济学。基地推出4期"经世济民大讲坛"报告会，邀请国内外一流经济学家走进中财校园，引导同学们思考真实世界的经济学问题，倡导以开阔的国际视野、规范的现代方法研究中国重大现实问题。此外，基地举办了4期"首席经济学家进校园"活动，邀请专职中国经济分析的国内外一流金融机构的首席经济学家与基地师生交流，帮助学生将理论研究和现实经济相结合，从理论的殿堂到实践的土壤，认识和了解现实中的经济运行状况。

基地将经济学理论创新与中国经济建设实践统一于拔尖学生培养过程中，引导学生扎根中国大地，促进学生主动把学习、观察、实践同思考紧密结合起来，进行本土化理论的创新和发展。通过加强与政府部门和企事业单位合作，以多种方式推进学生参与各类社会实践，迄今，基地师生已完成甘肃宕昌、小米集团、北京宏福集团、北京未来科学城、中关村东升科技园等地的社会实践。此外，基地还通过举办实践报告会，由同学分享、教师点评，加深基地学生的实践感悟；通过举办3期"切问笃行"中国经济社会调研方法系列讲座，进一步提升学生对中国重大现实问题的理解和分析能力。

（三）拔尖人才培养坚持国际化，开阔国际视野

基地在人才培养过程中也特别强调国际化和开放合作。基地通过组建联合导师组，创造性地采取"校内导师（学术导师、实践导师）+国际导师"的联合培养方式，提升学生的国际视野。基地在课程体系建设中采纳国际一流课程，如"大数据在经济问题中的应用"中的资料主要来源于哈佛大学等国际一流高校，并结合基地班学生的情况进行了必要的筛选和整理。

目前，基地学生已有2人次前往美国加州大学伯克利分校访问交换，2名毕业生分别前往伦敦政治经济学院和香港大学深造。基地积极开展短期国际课程，仅2023年春季学期及暑期小学期就邀请海外学者开设了短期国际前沿交叉课程4门。此外，基地正深入探索基础学科"成长伙伴"国际暑期学校工作方案和建设规划。

（四）拔尖人才培养坚持理论化，创新理论思维

加强读书基本功训练，坚持从经典著作中汲取养分。通过大师导读，激发读书兴趣。2021年春季学期，基地开展"回到未来"系列读书会，先后邀请了多位国内知名学者前来导读和参与研讨；2021年秋季学期起，基地面向校内学生和全国线上书院隆重推出"经典原著研读"课程，把读经典写入培养方案，设置成必修课，该课程已开展2年共31次读书会活动，邀请10位学界领军人物带领师生们深入研习14篇经典文献，涉及《国富论》《道德情操论》《就业、利息和货币通论》等著作。同时，基地学生注重朋辈学习效应，组织假期读书会，由同学从规定书单中自主选择经典书目，经过深入研读和精心准备，利用假期时间在线上分享读书感悟，目前已于2021年暑假、2022—2024年寒假和暑假举办过7届读书会。

创新开设"明德通识讲座课程"，立德树人、启智润心。该系列课程已举办7场，主题涵盖诗歌、绘画、哲学、礼仪、建筑、戏曲等，是在融入式、嵌入式、渗入式的立德树人协同效应指导下，整体创新的实践之一，也是结合我国传统书院教、学、研、藏模式的优秀文化，精心设计的系列讲座课程。通过邀请国内外文史哲艺理等领域的学术大家、创新领航者为同学们带来经济学科之外的多元教育，努力将学生培养为知识全面、视野广阔、教养博雅、人格完整的人，将"培根铸魂、启智润心"的情怀教育落到实处。

四、建设成效

（一）教育教学改革成果

经过不懈努力，基地荣获十余项教育教学荣誉。基地教师荣获2017—2021年度北京高校优秀德育工作者称号，以及教育部基础学科拔尖学生培养优秀教师奖等荣誉称号，基地教师主讲课程"政治经济学"荣获北京高校教书育人"最美课堂"课程思政组一等奖，教改项目"数字经济时代经济学拔尖学生培养模式探究"获评2022年北京高等教育"本科教学改革创新项目"，教师团队的教改项目"数字经济时代经济学课程体系和教材体系建设"荣获国家级新文科研究与改革实践项目，基地教学团队负责的"经世济民的经济学"荣获教育部首批课程思政

示范课程。此外，基地教师及课程组近年来编写并出版了《世界经济概论》《国民经济管理》《中国金融业发展研究》等多部教材和著作，深受师生好评。2023年8月25日，《中国教育报》头版头条报道了基地的育人理念及成效。

（二）育人成效

截至2024年7月，基地已培养6个年级共83名学生，其中39位学生已经毕业。在小班教学的精细化培养模式下，学生呈现出全面和多元发展的趋势，在科研能力、竞赛能力和毕业去向等多方面均展现出独特的优势。科研能力是基地培养学生的重点方面，基地学生公开发表科研论文4篇。基地鼓励师生参加高层次的学科竞赛活动，基地学生屡获佳绩，学术竞赛获奖5人次，数学竞赛获奖34人次（其中美赛14人次，国赛20人次），国家级英语竞赛获奖2人次。基地毕业生中，21人在北京大学、中国人民大学、复旦大学、浙江大学、中央财经大学、伦敦政治经济学院、香港大学等高等院校继续攻读研究生，其中3人分别攻读北京大学、中国人民大学、复旦大学的硕博连读项目。

五、总结

以上是中央财经大学拔尖基地在建设背景、育人体系、建设措施、建设成效等方面的基本情况。尽管我们做了诸多尝试，但数字经济时代经济学拔尖创新人才培养工作在课程设置、培养体系建设等方面仍有很多不足。因此，我们将继续与国内各兄弟院校一起，交叉融合各学科的人才培养经验，加强兄弟院校之间的交流与合作，通过深入的交流挖掘并推广成功经验，通过深入的合作推进资源共享，为加强数字经济理论研究和创新育人模式贡献智慧。

数智化环境下领军型管理人才
培养模式的创建与实践①

陈旭　雷东　刘蕾

（电子科技大学经济与管理学院）

一、数智化环境对管理人才培养的新要求

　　21 世纪初开启的数字化和智能化的科技革命与产业变革，对知识复合、集成应用和跨界创新能力兼备的管理人才培养提出了迫切需求。习近平总书记指出："数字经济事关国家发展大局。"数字经济人才供给的速度和质量，事关中华民族伟大复兴战略全局。数字经济高创新性、强渗透性和广覆盖性的特征，对管理人才的知识、能力和素养提出更高要求。企业中重复度高、附加值低的科层管理岗位，重要性日趋下降；而整合跨界知识参与系统管理、战略决策和公司价值创造的职位功能，重要性则日益凸显。数字化和智能化的加速迭代升级，强有力地推动了管理人才需求从单一职能型向复合领军型的巨大转型。新时代管理人才培养亟须创新。

　　管理类专业应用性强，人才培养目标必须回应时代需求。通过对调查数据和收集文献的分析，发现高校毕业生的就业行业主要分布于信息传输 / 软件 / 信息技术

---

　　①　该文转载自《中国大学教学》2023 年第 12 期。

服务业和制造业，在所有行业中占比位于最前列。自 2015 年以来，信息行业和制造业对高校人才的需求持续增长。其中，新赛道对包括管理人才在内的各类人才需求增长最快，如智能制造、人工智能、新能源、新材料、智联网等。近三年来的数据显示，面向应届生发布的岗位，2021 年互联网与电子商务占比最高，为 14.49%；2022 年 IT/ 互联网 / 游戏占比最高，为 23.74%；到了 2023 年，AI 大模型、新能源和新材料对人才的需求同比增长位居前三，分别为 172.53%、93.90% 和 30.05%。上述行业数智化发展要求管理人才培养应当突出复合知识、战略思维和创新能力。

面对时代赋予的重大课题，需要将管理类本科生培养的核心从专注于传授专业知识，转移到让学生成长为复合型人才，能融会贯通地掌握管理和工科两个学科的知识。伴随着国家经济和企业管理活动的数智化进程持续深入，研究型工科大学商学院应当结合学校的学科与科研优势，瞄准培养什么人、如何培养人、如何保障人才培养三个主要问题，探索数智化环境下领军型管理人才的培养模式。

二、管理人才培养现状的不足

数智化进程的迅猛发展对管理人才提出了更高的要求，目前的管理人才培养模式存在着以下不足之处：

一是单一职能型的管理人才培养目标，与数智化环境下管理人才的需求不匹配。传统的管理学本科生的培养，有着明确的专业分工，如营销学、会计学、人力资源管理、电子商务等，学生专注于本专业的学习，对其他专业的知识或者只有简单了解，或者难以灵活应用，存在掌握程度不足的现象。虽然本专业的能力得到了加强，但是综合应用管理学其他专业知识解决管理问题的能力却受到限制。更进一步，在当今数智化时代，需要学生掌握搜集和加工信息的理论、方法和工具，利用这些信息，帮助企业建立智能化的决策体系，更加科学有效地利用资源，改变企业的价值创造方式。因此，专注于单一职能的传统管理人才培养模式，不能满足数智化环境下的管理人才需求。

二是课程融合不足和能力挑战不够的培养模式，无法支撑数智化环境下管理人才的培养。数智化环境下，管理者需要带领组织完成数字化转型，进行生产方式的变革，这需要完善的知识结构和领导企业数字化转型的能力。在知识结构方面，现代的管理人才应将管理理论与方法与信息技术相结合，形成"管理 + 信息技术"的复合型知识结构。目前来看，即使有辅修专业或第二学位等不同的解决方案，由于不同学科的课程交叉点很少，常常存在课程安排不合理、融合度不足的情况。学生很难将两个学科的知识整合起来，提高数智化环境下发现、分析和解决管理问题的能力。

三是传统教学保障机制适合单个学院和单一学科，难以满足复合型人才培养的要求。在传统的教学中，不同学科的课程，其教学管理隶属于不同的学院，不同学科的教师之间缺乏交流机制。因此，传统教学保障机制，难以打破学院之间的组织边界，很少设立专门的机构来组织不同学科的教师共同制订培养方案和商讨课程教学内容，也很难在教学中设置合理环节整合不同学科知识的运用能力，数智化环境下管理人才培养的保障机制不健全。

三、领军型管理人才的培养要求

"领军型人才"的概念在我国出现是在2004年，是指高层次、具有典范作用和领军功能的核心人才，主要特征是高水平的交叉学科知识、突出的创新能力以及成为团队的核心和灵魂。近年来，教育部12所未来技术学院、中国科学院大学、湖南大学、华中农业大学、中国海洋大学等许多"双一流"大学都依据自身优势明确提出了领军型人才的培养目标和模式，并指出需要克服教学中中庸之道的传统观念、专业口径狭窄、守正与创新难以兼顾和教学资源保障不足等障碍。大学培养的领军型人才可以面向科学研究、科技发展和业界等多个领域，以突破学科和专业领域的限制。

领军型管理人才的培养能够很好地弥补传统管理人才培养的不足。首先，领军型管理人才复合型知识结构的培养目标与企业发展现状高度契合。数智化环境下，企业的数字化转型已经上升为国家战略。但是，目前企业仍然面临着数字化转型中不想转、不会转等难题，其中，能够成功领导企业数字化转型的高层次复合型人才缺乏是主要影响因素之一。领军型管理人才培养采取的是宽口径和厚基础的培养理念，学生不再如传统人才培养一样局限于某一个专业领域的学习，而是从以个人学习为主向以团队学习为主转变，从单个学科专业的学习为主向两个学科专业的同时学习转变，能够很好地满足社会的人才需求。

其次，领军型管理人才培养模式大多采用学科交叉融合的课程体系，能够为管理人才引领理论与实践的创新提供全面的知识储备和理论方法支持。传统的单一管理学或经济学学科课程体系，无法满足创新发展对管理人才的需求，对本科生的吸引力也在逐步减弱。目前，交叉领域的创新越来越多，将不同学科的课程体系进行融合式设计，能够激发学生的创新思维和能力，为学生提供具有足够挑战性的学习体验。领军型管理人才的培养以高水平的科研项目、实验平台和实践教学基地为支撑，克服了传统人才培养缺乏实验实训环节的不足，有助于学生的创新创业。

最后，领军型管理人才培养的保障机制更加健全。传统偏重理论教学的师资结构、条块式的学院制教学组织，容易带来人才培养的专业局限性，而领军型的管理人才培养必须优化理论与实践并重的师资结构，畅通不同学科专业教师之间的沟通渠道。因此，学校需要投入更多资源培养、引进和更新师资，建立全新的教学单位组织方式，为领军型管理人才培养提供更为健全的保障机制。

四、领军型管理人才培养模式的创建

领军型管理人才培养模式的创建主要体现在培养目标、培养方案、课程体系、支撑平台和保障体系五个方面，是对传统人才培养要求的升华。

领军型管理人才培养目标的重新确定，是管理学人才培养应对时代需求的首要任务和提出的新标准。不同于传统只注重专精的人才培养目标，领军型管理人才需要引领未来科技和产业发展方向，解决国家重大战略问题，因此会更多地体现知识交叉、技术融合和应用整合，对人才培养目标的要求更为全面。但是，在领军型管理人才培养过程中，并不意味着可以漫无目的地进行专业融合，而是在学科优势与特色基础上，科学地进行专业之间的交叉融合，培养细分行业的领军型管理人才。

在确定人才培养目标以后，需要制订新的培养方案。传统的开设辅修专业或第二学位的院校，很少专门为选修双学位的学生制订培养方案。学生在跨度比较大的两个学科专业中，需要分别按照两个不同的培养方案进行学习。第二学位的专业基础知识薄弱，无疑增加了学习的困难。此外，如果缺乏统一的培养方案和教师的深入指导，学生还需要依靠自己融会贯通两个专业的知识，这是让学生通过第二学位成长为复合型人才的障碍。因此，制订跨学科跨专业深度融合的培养方案是领军型管理人才培养模式的重要任务。

课程体系是领军型管理人才培养的重要基础。领军型管理人才的培养需要对传统课程体系进行改造，构建专业复合、进阶引领的课程体系。首先，在时间安排上，前两年主要学习数学类、物理类和专业核心基础课程，体现人才培养的宽口径，为后两年深入专业学习打下坚实的数理和专业基础。其次，在课程内容上，需要解决传统辅修和双学位人才培养中存在的不同专业方向课程相互割裂的问题，将不同门类课程的教学内容有机地融为一体。最后，在学习难度上，从相对容易的部分逐渐过渡到较为困难和新颖的部分，层层递进、逐级挑战，并体现前沿性。

支撑平台是领军型管理人才培养的重要支柱，主要通过科教融通和产教协同两种方式进行建设。科教融通主要体现在将国家级科研项目、实验室、研究中心等高水平的科研平台，融入本科生的课堂教学，为领军型管理人才研究能力的培养提供支撑。由于科研项目集中反映了当前学科发展的前沿和热点问题，因此，项目式教学是科教融通的常用方法。教师承担的科研项目通过合理设计转化为本科生课堂教学的项目，学生以团队的形式完成项目，利用所学理论知识创造性地分析和解决项目中的问题，使教学具备足够的创新性和挑战性。产教协同主要体现在与企业、社会和地方政府等多个主体共建实践教学平台，课堂教学贴合国家重大需求，为领军型管理人才创新能力的培养提供支撑。产教协同的主要教学方法，是将企业或社会的实际需求以合作研发项目、创新创业项目、案例等形式应用于课堂教学，在人才培养中达到实践与理论协同。

保障体系主要包括师资建设和制度建设，对顺利达成领军型管理人才的培养目标发挥着重要作用。领军型管理人才的培养方案、课程体系建设和教学活动需要复合型的师资，教师应该具备数智化素养。为了防止传统辅修双学位人才培养过程中不同学科教师之间的沟通不畅，确保人才培养的效率与成果，隶属于不同学院的学科必须相互协同，统筹安排教师的教学任务，在制度上保证协同教学的顺利进行。

五、领军型管理人才培养模式的实践与成效

电子科技大学经济与管理学院依托学校电子信息类 A+ 学科优势，基于 2007 年"管理与信息技术复合型人才培养实验区"的国家"质量工程"建设项目，于 2008 年在国内率先开启"管理-电子信息工程"双学士学位（"管理学 / 经济学 + 工学"）项目。学生完成规定学业，依据专业方向选择，获得电子商务、工商管理、金融学、电子信息工程四个专业中一个专业的毕业证书；达到学

校学士学位授予条件，将同时获得管理学和工学或经济学和工学两个学士学位。这种"新商科＋新工科"双学士学位复合型精英人才培养模式的创建与实践，高度契合教育部跨学科深度交叉融合的新文科人才培养理念。学校在电子信息领域的优势学科生态，能够促进不同专业交叉融合，为数智化环境下领军型管理人才目标的实现提供了可能。为响应数字经济的国家战略，学院从确定数智化环境下领军型管理人才的培养目标开始，完成了对培养方案、课程体系、支撑平台和保障机制四个方面的全面改革，经过四年复合培养的探索，项目覆盖经济与管理学院所有学生，厚基础、宽口径的复合型人才培养初见成效；又经过五年培养定位的完善提升，形成了数智化环境下领军型管理人才培养模式，如图1所示。

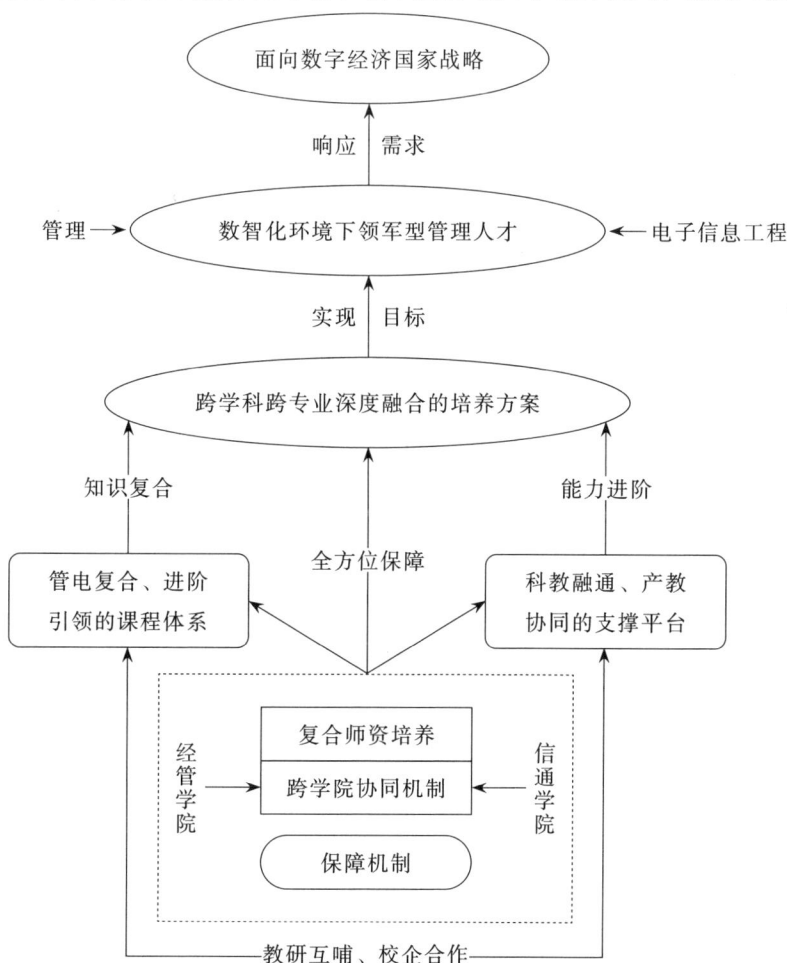

图 1　数智化环境下领军型管理人才培养模式

（一）以数智化环境下的人才需求为导向，确定培养目标

基于广泛征集的学界、企业和社会意见，确定了人才培养目标：管电复合、具有战略思维、勇于跨界创新的领军型管理人才。

根据学校自身特色和以往毕业生的实际情况，学院培养的领军型管理人才应该掌握扎实的管理学与电子信息工程两个领域的专业知识，毕业后，能够在管理学和电子信息工程两个交叉学科领域，带领创新团队完成高质量的科学研究工作，或者成为企业实践中创业、管理团队的核心，开创企业新局面。学院将领军型管理人才细分为注重科学研究的科技领军型和注重企业实践的产业领军型，"管理-电子信息工程"双学士学位项目应运而生。学生毕业时，既可选择进入国内外名校的经管类、电子信息类、计算机类等专业领域继续深造，又可到电子信息领军企业就职。人才培养目标适应了数智化社会发展趋势，有助于提高管理人才培养质量，解决了培养什么人的问题。

（二）深度融合两个学科的不同专业，研制培养方案

立足培养目标，电子科技大学经济与管理学院组织两个不同专业的教师，深入讨论"管理-电子信息工程"双学士学位的培养方案，解决了如何将两个不同的专业融合于一份培养方案的问题。我们确定以课程体系和支撑平台为抓手，寓价值塑造于知识传授和能力培养，研制了深度融合管理和电子信息工程两个学科不同专业的培养方案，构建数智技术与管理复合的知识结构，培养以前瞻性思维、系统性思维和创新性思维为核心的战略思维，训练跨界的研究和实践创新能力，为学生成长为科技领军型管理人才和产业领军型管理人才奠定基础。

学院坚持知行合一的教育理念，最终研制的培养方案着力于以课程教学培养思维（知），以支撑平台训练能力（行），探索出了工科研究型大学"新商科"双学士学位复合型人才的培养路径，从根本上区别于传统的辅修双学士学位和第二学士学位，提供了数智化环境下领军型管理人才培养的"电子科大方案"，解决了如何培养数智化环境下领军型管理人才的问题。

（三）依托学校优势学科，构建管电复合、进阶引领的课程体系

在组织授课教师多次反复研讨的基础上，学院建成 31 门跨学科融合式的专业课程，包括数智化领导力课程，如"组织行为学：互联网时代的视角""互联网思维与应用""团队设计与领导力"；数智化运营课程，如"机器学习与商业分析""数据科学与商业智能""区块链金融""新产品开发管理""IT 项目管理""数字媒体与数字市场""互联网思维与数字营销"。两类课程占专业基础必修课的 61%，培养学生的知识复合能力和战略思维。建成贯通四年、逐级挑战的全新项目式课程体系，如"产品设计专项训练Ⅰ、Ⅱ""金融综合课程设计Ⅰ、Ⅱ""学术科研专项训练Ⅰ、Ⅱ、Ⅲ"，实现课程的高阶性、创新性和挑战性。

为进一步体现课程体系的全球视野和引领性，学院与 20 余所海外院校建立了学生交换合作关系，并设有学生出国（境）交流专项基金，每年支持近 100 名同学到国际知名高校开展成建制课程学习等。

大幅度增加数智化领导力和数智化运营两类跨学科融合式的专业课程，并以数智化应用赋能传统教学内容，有力支撑了新商科和新工科深度交叉融合；从跨学科新生导论课到跨专业整合式毕业设计逐级进阶，贯通人才培养全过程，形成了数智化环境下横向管电复合、纵向进阶引领的课程体系，支撑了管理学和电子信息工程的深度交叉融合，系统解决了双学士学位复合培养中常见的课程拼盘导致的"两张皮"难题。

（四）推进科教融通和产教协同，打造支撑平台

电子科技大学是工科研究型大学，学院一直提倡科研成果进课堂，将科研优势转化为人才培养优势。比较常用的方法是将重点放在课堂上讲授学科领域里的热点和前沿内容，帮助学生了解教学内容的最新进展，学院对这种方法进行了升级，将教师承担的科研与教学项目和课程教学内容相结合，按照课程先后顺序设计了挑战性学习项目和仿真实验，帮助学生提高分析和解决新问题的动手能力。

依托国家重点研发计划项目、国家社会科学基金重大项目、国家自然科学基金杰出青年项目 / 重点项目等国家重大重点项目，结合企业的数智化实践，在课程体系中设计技术与管理复合的挑战性项目 60 余项，如数智医院预约与排队管理、助老智能穿戴设备设计、基于大数据的消费者行为研究等；开发虚拟仿真实验 30 余项，支持学生参加创新创业和学科竞赛，培养学生的前瞻性思维和跨界创新能力。

依托华为等知名企业和校友企业共建实习实践基地 23 家，共建 2 个数智化省级实验中心，获得教育部产学合作协同育人项目 41 项，合作开发教学案例100 余篇，3 篇入选哈佛、毅伟和欧洲案例中心世界三大案例库，支持模拟、现场和实战等情境化教学，增强学生的系统性和创新性思维。

通过以上科教融通、产教协同的数智化支撑平台，教研互哺，提供了人才培养所需的软硬件支撑和数智化场景。通过提供贯通四年、逐级挑战的项目式学习机会，提高学习的主动性和挑战性，培养学生的战略思维意识和跨界创新基因，有效实现了学生从"知识的复合"到"能力的进阶"，突破了管理人才创新能力

培养的瓶颈。

（五）复合型师资、跨学院协同，加强全方位教学保障

学院外引跨学科人才和数智化业界专家，内培教师的数智化素养，破解了高水平复合型师资队伍建设的难题。通过聘请数智化实战经验丰富的业界专家，引进有交叉学科背景的跨专业人才，强化现有教师的数智化培训，打造复合型的师资团队。专业课复合型师资的比例超过 60%。教师成长为国家级教学名师等，为数智化环境下领军型管理人才培养提供了有效的师资保障。

打破商科与工科学院之间的组织壁垒，突破管理和电子信息工程的专业学科边界，创新跨学院跨学科的联合工作小组和协同工作模式。经济与管理学院、信息与通信工程学院成立"管理-电子信息工程"复合培养试验班跨学院联合工作小组，共同设计试验班人才培养的目标、流程和标准，制订和迭代优化培养方案；建立跨学院关键教学岗位体系，包括专业首席教授、核心课程（群）首席教授、核心课程教学骨干、实验/竞赛教学骨干等，统筹专业、课程群、课程、实验室和竞赛等建设；学院还制定了教师跨学院联合开发融合式课程、双导师指导毕业设计和实践的激励政策，探索出了有效支撑复合型人才培养的跨学院保障新机制，解决了如何保障人才培养的问题。

经过 15 年的创建与实践，数智环境下领军型管理人才培养模式取得了一定的成效。学校基于本培养模式，将"新商科"推广到"新工科"等 6 个跨学院协同（包括经济与管理学院等 6 个学院）、跨学科交叉（横跨工学、理学、经济学、管理学 4 大学科）、跨专业融合（包括金融学、物联网工程、计算机科学与技术等 6 个专业）的复合型精英人才培养项目，培养既通晓"互联网+"核心技术和知识，又具备互联网思维和跨界创新能力的复合型精英人才，从管理人才复合培养推广到工科人才复合培养。

学生综合能力全面提升，在以"综合素质和创新能力"为主要考察目标的各类重要竞赛中，学院本科生取得了优秀成绩，共获国际和国家级特等奖/一等奖78 人次；发表学术论文 28 篇，其中包括国际权威期刊。12 届共 1 146 名毕业生，进入国内外知名高校的经济类、管理类、计算机类、电子工程类等专业深造，深造率从开办之初的 50% 左右大幅增加到近四年平均超过 70%，为学生成长为科技领军型管理人才奠定基础。就业学生约 70% 进入电子信息领军企业工作，毕业生在物联网和平台租赁等数智化行业成功创业，进入细分领域行业前三，逐步成长为产业领军型管理人才。

在人才培养过程中，建成国家级、省级和校级多层次的"金课"体系，包括

"运营管理"等首批国家级一流本科课程 13 门；入选国家级本科一流专业建设点 3 个，获国家和省部级教改项目 63 项，其中教育部产学合作协同育人项目 43 项，并获国家和省级教学奖励 75 项；建成中国大学慕课上线课程 17 门，服务全国学生超过 150 万人次。复合型教学团队成长迅速，先后获评国家级教学名师、国家级人才称号、全国大学生电子商务"创新、创意及创业"挑战赛全国总决赛最佳指导老师、四川省高校青年教师教学竞赛一等奖等，在与 40 余所高校的调研、交流和学习中，得到广泛认可。

六、结语

党的二十大报告指出，全面提高人才自主培养质量，着力造就拔尖创新人才。中国经济正在经历数智化的转型，结合企业的管理实践，培养数智经济时代的管理拔尖人才成为教育界关注的热点。电子科技大学经济与管理学院创建并实践了数智化环境下领军型管理人才的培养模式，科学地确定了符合数智化时代要求的"管电复合、具有战略思维、勇于跨界创新的领军型管理人才"培养目标，研制深度融合管理学和电子信息工程两个学科不同专业的培养方案，构建管电复合、进阶引领的融合式课程体系，打造科教融通和产教协同的数智化教学支撑平台，并通过复合型师资队伍建设和跨学院协同机制，全方位加强了教学保障。数智化环境下领军型管理人才培养模式的实践取得了显著效果，大幅度提升了学生的综合能力，教学研究和改革成效斐然，为管理拔尖人才的培养探索了新的途径。

参考文献

［1］王磊，苗春雨．数字经济背景下高校数字人才培养的路径探究［J］．中国大学教学，2023（7）：25-33．

［2］靳庆鲁，朱凯，曾庆生．数智时代财会人才培养的"上财模式"探索与实践［J］．中国大学教学，2021（11）：28-34；45．

［3］黎博，黄毅，徐运保，等．"卓越计划"视域下的管理人才创新创业能力培养路径探究——评《基于卓越计划的管理类专业人才培养模式改革研究》

［J］. 管理世界，2021，37（2）：26.

　　［4］包国宪，叶杰，徐越倩. 研究支持视角的创新型管理人才培养［J］. 中国大学教学，2019（1）：51-55.

　　［5］王艳芬，刘继安，吴岳良，等. 深化科教融合，培养未来科技领军人才［J］. 中国科学院院刊，2023，38（5）：693-699.

　　［6］霍宝锋，张逸婷，姚佩佩. 基于扎根理论的新商科人才培养［J］. 中国大学教学，2023（4）：4-10.

商科本硕博贯通培养过程管理的
"三结合贯通"模式

谢康　肖静华　王帆　吴瑶

（中山大学管理学院）

一、引言

本硕博贯通培养指以培养拔尖创新人才为目标，贯通本硕博培养过程，促进本科与研究生教育有效衔接的一体化培养模式，构成当前中国绝大多数"双一流"建设高校普遍采用的培养拔尖创新人才的教育教学模式。国内本硕博贯通教学研究始于2002年前后（柳进和刘明珠，2002），20多年间形成了较丰富的理论研究成果，但也存在三个研究缺口：一是强调该模式对理工科、医科、农科等基础学科的适用性（黄明福等，2019），缺乏对商科等社会应用学科本硕博贯通培养教学的深入研究。二是侧重从课程体系设计、教学培养一体化、学科交叉等方面开展贯通教学研究（贾海蓉等，2019；吴静怡等，2015），探讨贯通培养的核心要义（闫广芬和尚宇菲，2020），提出理论贯通、经验贯通和表达贯通的"三个贯通"人才培养模式（赵晓峰，2021），从面向国家需求的师生互动视角开展贯通与非贯通培养相结合的教学研究匮乏。三是强调该模式优势明显但也有不足，分别从不同视角提出相应对策（张莉，2015；成新轩等，2022），缺乏从贯通培养的主体行为、培养方式、质量保障三方面过程管理整合视角的深入研究。

本硕博贯通培养整合了本科和研究生两个阶段的培养过程，单一视角难以深入探讨贯通培养过程管理中的复杂问题。针对上述三方面研究缺口，本文在总结本硕博贯通培养优势和商科教学问题基础上，以解决商科本硕博贯通培养过程管理的主要教学问题为导向，从主体行为（行动者）、培养方式（行动结构）、质量保障（行动规则）三方面结合的整合视角提出商科"三结合贯通"培养模式，即面向国家需求的师生互动过程管理、渐进型培养为主与突变型培养为辅的过程管理、六环节 PDCA 循环的过程质量管理三方面结合的贯通培养模式。该模式经过 2010—2022 年 12 年的教学验证，形成培养成效，得到推广应用。本文的研究可为新商科本硕博贯通人才培养模式创新提供新思路和参考借鉴的管理策略。

二、本硕博贯通培养的主要优势与商科教学问题

（一）贯通培养的优势

以往研究通常认为本硕博贯通培养模式适宜于对知识学习及科学研究有很强连续性要求、成果产出需较长知识积累周期的基础学科，实践性强的医学和艺术学科，以及实验周期长的农学、生命科学、工学等学科的研究生培养（刘劲松和徐明生，2017），近年来的研究也开始探讨应用性强的经济学、法学、传媒学等社会科学研究生的贯通培养模式（成新轩等，2022）。总体来看，本硕博贯通培养模式的优势主要有三：

一是培养的整体性强。研究生培养从本科生选拔开始到硕博连读，将本科和研究生两个阶段的分段培养贯穿起来，导师与学生之间形成更默契的整体互动。一方面，教师可以从整体上设计学生全面发展的培养目标，更早实施因材施教的个性化培养；另一方面，学生连贯学习的目标明确，学习的内驱力强。同时，教学上可以从课程体系上进行总体设计分段实施，形成课程、科研、实验操作、企业调研、学术交流和论文写作等系列安排，形成培养过程的完整性，为高水平学位论文和优秀成果的产出提供了可靠的制度保障。

二是培养的持续时间长。导师从本科开始指导学生，到学生博士毕业通常经历 5~8 年甚至更长时间，导师对学生的培养有明确的目标、计划和预期，对学生的言传身教，以及科研资源的投入持续稳定。学生在同一个团队中长期聚焦一个专业领域，通过师生互动、生生互动等多种方式，既可以循序渐进地形成知识积累，也可以通过团队学习快速积累专业技能，形成培养过程的持续性，为高水平

学位论文和优秀成果的产出提供了充足的时间、知识、技能等资源保障。

三是培养效率高。贯通培养的目标明确，整合课程体系，精炼课程学习与学位论文的培养环节，培养时间相对短，降低培养成本，提高研究生培养过程管理的效率。同时，通过人才选拔与淘汰分流机制，从本科生中选拔优秀拔尖者进入研究生培养体系，在硕士研究生阶段通过分流淘汰，留下的学生专业素养好，基础扎实，易实现研究突破，实现培养过程的高效率，为高水平学位论文和优秀成果的产出提供了相对高效的培养过程管理保障。

（二）商科贯通培养的主要教学问题

贯通式培养是在分段式培养模式基础上发展起来的，存在分段式培养模式的不足，如课程贯通不够、开放性不足、生源较单一、导师指导方式单一、学术活动和学术交流较少等（刘劲松和徐明生，2017）。对于商科而言，贯通培养的主要教学问题有三：

一是学校文化同质性带来的研究偏好、理论视角、科学方法等知识体系的同质性，易使学生创新敏感性钝化，给学生快速提升独立科研能力带来挑战。哈佛大学、普渡大学、杜克大学等通过优化课程体系、设置交叉学科课程来解决该问题（吴静怡等，2019），但商科研究生从硕博课程中提升的独立科研能力通常有限，因为在技术快速变化推动下商科的前沿实践性强，商科硕博课程体系与内容的更新速度通常落后于企业前沿实践和需求。除课程体系优化和设置交叉学科课程外，如何有效提升商科贯通培养学生的独立科研能力以实现培养拔尖创新人才的目标，依然需要进一步探索。

二是学生长期沿着导师（组）的某个领域拓展，易形成专业交流的信息茧房局限，给学生拓宽视野和眼界带来挑战。国内外贯通培养强调通过"引进来，走出去"模式，强基础宽视野，第一课堂与第二课堂相结合等一体化方式来解决该教学问题（黄明福等，2019），但硕博连读后学生每天接触的人基本固定，工作场景变化小，与其他专业交流机会大大减少，且贯通培养中的师生互动模式直接影响上述教学方式效果，尤其是商科研究生既需要掌握企业理论的前沿问题及相应的科学方法，又需要深入企业前沿实践提炼管理科学问题，理论与实践结合中存在诸多培养断点，如何突破商科贯通培养中学生的信息茧房局限实现培养拔尖创新人才的目标，依然需要进一步探索。

三是贯通培养呈现出一定的优势和效果（赵庆年和陈夏莹，2020），但学生主要接受单一专业领域课程教学及学术活动，社会学习网络较快固化，难以接触新的学术训练，给学生基于异质学术网络的跨学科创新带来挑战。针对该挑战，既有研究提出构建人才培养基地的贯通培养模式（谭晶等，2022），建设本硕博一体化的大平台和复合型人才知识体系（成新轩等，2022）等措施来应对。然而，对于985高校一流应用学科建设的商科这类与现实密切相关的应用学科贯通培养，如何建立商科贯通培养模式的流程或规范，为学生通过理论研究更好地解决复杂的、系统性的企业实践问题提供支持，以提高培养商科拔尖创新人才的质量稳定性，依然需要进一步探索。

三、商科"三结合贯通"培养模式及创新

商科本硕博贯通培养具有整体性、持续性、培养效率的优势，也存在知识体系同质性、信息茧房、社会学习网络较快固化的教学问题。2010—2022年期间，我们针对上述教学问题，从主体行为（行动者）、培养方式（行动结构）、质量保障（行动规则）三方面结合的过程管理整合视角，探索商科本硕博贯通培养"三结合贯通"模式，即面向国家需求的师生互动过程管理、渐进型培养为主与突变型培养为辅的过程管理、六环节PDCA循环的过程质量管理三方面结合的"三结合贯通"培养模式（参见图1）。

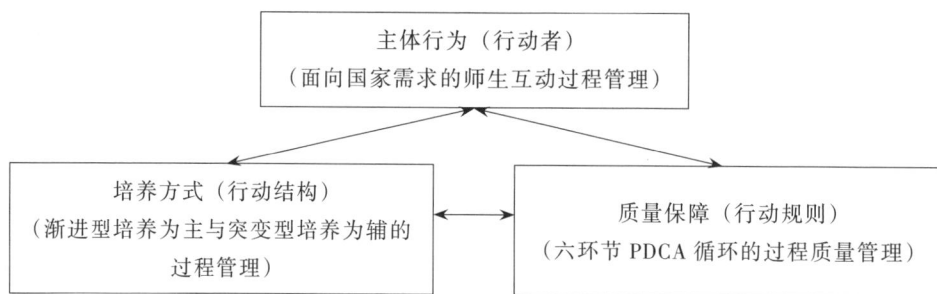

图1　商科本硕博贯通培养过程管理的"三结合贯通"人才培养模式

（一）主体行为：面向国家需求的师生互动过程管理

主体行为视角的过程管理强调将贯通培养与非贯通培养相结合，取长补短。在相互结合中，以面向国家需求作为师生互动过程的关键调节因素，通过导师主导式互动与学生中心式互动，使面向国家需求的相互结合培养成为导师（组）、学生群体的常态化自觉行动。具体地，从符号学理论视角，"学徒式导师制"模式的师生关系高度体现教学相长，师生和生生互动的特征。导师主导式互动与学生中心式互动构成师生互动的两种基本方式。导师主导式互动指导师对学生的教

育和指导承载着其社会化经验，导师指导与学生调整行为构成师生互动的良性循环，以此提高学生培养质量和学生创新能力（许祥云，2020）。学生中心式互动指学生自身的科研意愿形成身份认同和强烈的内驱力，学生被充分激发积极性并自主投入到科研中。同时，导师的针对性反馈有利于激励学生主动学习并强化科研投入的意愿，进而表现出更多的积极行为，最终影响科研成果质量。

面向国家需求的师生互动过程管理不仅强调导师主导式互动与学生中心式互动的重要性，而且强调导师主导式互动与学生中心式互动的互补性。我们拓展了现有学生中心式互动概念的外延，通过以老带新、梯队指导等多种方式强化二者的互补性。例如，贯通培养起来的青年拔尖人才通过团队定期讲座分享、科研指导、论文指导三种方式，主动承担起指导或辅导后续博士生的培养过程。同时，强调非贯通培养对解决贯通培养教学问题的价值，有计划地在非贯通培养中招收不同学校或校内不同专业的本科生加入团队，如招收不同院校或智能交通、数学、物理学等不同专业学生到商科硕博连读等，提高学生异质性来解决贯通培养中的同质性等问题。

（二）培养方式：渐进型培养为主与突变型培养为辅的过程管理

中国大学和科研机构的研究生培养主要是"学徒式导师制"模式，这种传授学习模式可以视为一种组织学习。经典的组织学习理论将组织学习划分为利用式学习与探索式学习（March，1991）。利用式学习指组织通过成功利用现有的知识来开展创新活动，强调对新知识吸收能力的培养。探索式学习指组织通过利用新技术来开展创新活动，强调对新知识开发能力的培养。根据利用式学习与探索式学习的双元概念，本文提出本硕博贯通培养过程管理两类培养方式的原创概念，一是渐进型培养方式，指现有研究中普遍探讨的"引进来，走出去"培养过程，通过类似利用式学习的方式来进行贯通培养；二是突变型培养方式，指教师或学生通过引入新领域、新知识、新方法等方式与团队原有知识体系碰撞形成的突变式创新培养过程，通过类似探索式学习的方式来进行贯通培养，允许和鼓励学生自主进行跨学科思考和探索，导师对其有价值的思维或方法给予关注和协作。

贯通培养持续时间长的特点，决定其过程管理需要以渐进型培养方式为主，突变型培养方式为辅的总体管理思路与实施路线。渐进型培养方式为基本的培养模式，我们对既有"引进来，走出去"培养模式的内涵和外延进行两方面深化和拓展：一是在"引进来"解决方法上，不仅引入多学科背景的老师加入导师组，邀请跨学科领域、跨文化背景、多方法研究学者前来讲学交流，而且在非贯通培养中有意识招收不同学校跨学科背景的学生，形成贯通培养与非贯通培养的互补。二是在"走出去"解决方法上，在加强与产业界合作，选派学生境外合作培养，引导学生多与校外导师尤其是国际一线学者合作开展科研等常规方式外，强调"走出去"的计划性、长期性和协作性，如本硕博贯通培养的学生在美的、索菲亚等企业有计划地长期驻厂调研、进行科研合作与交流等。突变型培养方式为辅指保持对新兴技术、新出现理论、新的研究方式等的学习或引进的开放态度，通过导师与学生双主体的自我变革来形成突变型培养。例如，我们借助2014年主持国家社科基金重大项目方式开展食品安全治理研究，培养的博士生2020年获校优秀博士生、广东省优秀研究生。又如，2012年我们开始引入案例研究范式，2016年案例研究成果获教育部高校优秀成果一等奖等。

（三）质量保障：六环节PDCA循环的过程质量管理

贯通培养的优势与教学问题并存，需要从突出优势与控制风险综合平衡的质量保障视角出发，聚焦解决培养阶段、关键过程环节层次、培养目标三者之间的贯通教学逻辑一致性问题，构建六环节PDCA循环的本硕博贯通培养过程质量管理体系，具体包括：①目标-协同-实施PDCA质量环，指培养目标、导师与学生双向协同、培养过程之间的贯通培养PDCA质量环管理改进；②问题-项目-能力PDCA质量环，指国家重大实践问题、导师（组）科研项目、学生能力素质特质之间的贯通培养PDCA质量环管理改进，如探讨重大社会实践问题特征、导师组课题与学生能力素质的三维互动协调等；③基础-视野-领域PDCA质量环，指深基础、宽视野、聚焦研究领域之间的贯通培养PDCA质量环管理改进；④文献-方法-数据PDCA质量环，指文献阅读量、多种方法应用、多维采集数据之间的贯通培养PDCA质量环管理改进；⑤阶段论文-相关论文-毕业论文PDCA质量环，即学生完成或发表阶段论文、探索中随机完成或发表的相关论文、学位论文之间的贯通培养PDCA质量环管理改进；⑥模式固化-环境刺激-迭代创新PDCA质量环，指贯通培养质量过程管理模式的总结固化、学生培养环境的快速变化刺激、过程管理迭代创新之间的贯通培养PDCA质量环管理改进。

上述六环节贯通培养过程管理的流程优化，为强基础与重实践相辅相成的培养过程质量管理提供了程序保障。通过12年教学检验，六环节PDCA循环的本硕博贯通培养过程质量管理体系，从观念、方法与过程控制三个方面提高了贯通培养质量的稳定性，从流程优化的规范管理视角较好地解决了贯通培养过程的主要教学问题。

（四）"三结合贯通"培养模式的内在逻辑与创新点

贯通培养整体性强、持续时间长、学生素养好、培养效率高的突出优势，以及文化同质性、团队知识信息茧房、社会学习网络快速固化的教学问题并存，是硬币的两面，单一视角难以有效解决这类复杂管理问题。"三结合贯通"培养模式从整合视角探讨贯通模式的创新，首先，行动者视角的过程管理为贯通培养提供主体的行为基础，通过发挥学生素养好、培养效率高的优势，抑制团队知识信息茧房、社会学习网络快速固化的不利影响。其次，行动结构视角的过程管理为贯通培养提供具体方式，通过发挥整体性强、持续时间长的优势，抑制文化同质性、团队知识信息茧房的不利影响。最后，行动规则视角的过程管理为贯通培养提供基本规范，为贯通培养发挥优势与控制风险提供流程优化工具。在贯通培养过程中，三者相辅相成，主体行为主导完善和改进培养方式的过程，为质量保障提供内在动力；培养方式为主体行为提供实施策略，指导质量保障的实施方向；质量保障为主体行为和培养方式提供改进的制度规范和优化工具。由此，形成相辅相成的"三结合贯通"培养模式创新。

上述"三结合贯通"培养模式，从主体行为、培养方式、质量保障三方面过程管理的整合视角，推进了商科本硕博贯通培养过程管理的教育教学创新，形成三个创新点：

第一，现有研究侧重从不同的单一视角提出解决贯通培养教学问题的相应对策，推进了贯通培养的研究，但单一视角难以有效解决贯通培养中优势与教学问题并存的复杂问题。针对此，"三结合贯通"培养模式从主体行为、培养方式、质量保障三方面过程管理的整合视角，强调通过三者的结构互补性，取长补短，以此增强贯通培养的优势来抑制其教学问题的不利影响，形成贯通培养过程管理的整合创新。

第二，根据利用式学习与探索式学习的组织理论，"三结合贯通"培养模式提出渐进型培养方式与突变型培养方式两个原创概念，创新性地提出渐进型培养方式指导师（组）在可预见的知识体系内的培养过程管理，突变型培养方式指学生接触到导师（组）未知的知识体系，与原有知识体系发生碰撞而形成新的知识体系或方法而形成的突变式创新培养过程。强调渐进型培养方式对于贯通培养的过程管理具有普遍的基础价值，明确了其与突变型培养方式的协同关系，由此提出贯通培养方式的新分析框架而形成研究创新。

第三，现有研究多强调通过"讲好中国故事"等面向国家需求来引导和加强学生培养过程管理，但缺乏对面向国家需求培养中存在对学生掌握基础理论与方法的"挤出效应"等不足的深入探讨。模式在既有教育理论基础上（孙金花等，2019），深化了非贯通培养对贯通培养的互补性价值，探讨面向国家需求培养中导师主导式互动、学生中心式互动对学生掌握理论知识的"挤入效应"和"挤出效应"特征，提出面向国家需求与自由探索的双向互动培养模式，为面向国家需求的贯通与非贯通培养相结合提供了行动方向和解决策略并形成创新。同时，现有研究多从流程再造视角探讨过程管理规范（陈达等，2019），缺乏突出优势与控制风险平衡视角的过程质量研究。成果将贯通与非贯通培养相结合，以国家需求作为师生互动的关键调节因素展开探讨，为贯通培养面向国家需求、过程质量控制提供了行动规范和解决策略并形成研究创新。

四、商科"三结合贯通"人才培养模式的成效及推广

（一）"三结合贯通"创新模式的主要成效

长期以来，中山大学在"双一流"学科建设中高度重视贯通培养模式及其实践创新。中山大学工商管理学科在第四轮全国学科评估中排名并列第一（A+），在第五轮学科评估中继续保持优异成绩，2022年入选教育部一流学科培优计划，在2019—2022年软科"中国最好学科排行"中连续四年位列第一。拔尖创新人才培养是"双一流"学科建设的重要目标，也是重要基础，我们从2010年开始通过贯通培养选拔培育拔尖创新人才的方案设计与论证、研究与实施，实现预期成效。成效主要体现在以下两个方面：一方面，通过"三结合贯通"人才培养模式创新实践，在学科层面促进了本科与研究生教育教学体系之间的制度性衔接与融合。通过科研小助理等多种方式，激励了高年级本科生对商科的研究热情和投入，为高校贯通培养的人才选拔奠定了坚实的"入口"制度基础。同时，通过科研团队博士生对本科科研小助理的指导，提升了博士生对科研问题的敏感度和解决问题的能力，为贯通培养的中期人才选拔提供了"优选"的制度基础。另一方面，通过"三结合贯通"人才培养模式创新实践，培养了广东省杰青、上海市"超级博士后"等多位拔尖创新人才，为中山大学"双一流"学科建设、工商管理全国学科评估、人才培养国际化等作出了贡献。

（二）"三结合贯通"创新模式的推广应用

2017年以来，"三结合贯通"创新模式通过三种方式进行推广应用。首先，在不同专业之间进行裂变式推广。在中山大学管理学院研究生培养体系中，除技术经济及管理专业、管理科学与工程专业，将"三结合贯通"创新模式在企业管理、会计学专业进行裂变式推广应用，对成果进行持续检验和完善，在拔尖人才

选拔和培养中取得应用成效。其次，贯通培养的学生成为贯通培养导师的迭代推广。2018年以来，启动"三结合贯通"创新模式薪火相传的迭代创新推广应用，借助管理学院"火箭计划"科研导师计划，至今一对一辅导23位本科生，部分同学成长为管理学院助理教授和博士生，又对下一代本科生进行贯通培养，形成本硕博贯通培养对象转变为指导教师的代际更选推广应用。最后，2018年以来，"三结合贯通"创新模式在山西财经大学、山东财经大学等院校得到推广应用。2021年11月，山西财经大学评价"三结合贯通"创新模式对该校工商管理学科建设与教学实践形成良好的示范带动和创新启示成效，对该校专业教师开阔视野、明确思路、找准方向形成显著效果。2020年12月，山东财经大学评价"三结合贯通"创新模式的示范教学取得良好的示范效果，对促进该校专业教师的教学水平提升和人才培养创新发挥了促进作用。

综上所述，本文通过剖析本硕博贯通培养的优势与教学问题，基于商科贯通培养的特征，探讨商科贯通培养的差异化解决方案，提出"三结合贯通"培养模式。该模式强调主体行为（行动者）、培养方式（行动结构）、质量保障（行动规则）三方面结合在商科贯通培养过程管理中的重要价值，为新商科贯通培养模式创新提出了有借鉴意义的创新模式。在未来研究中，新商科"三结合贯通"创新模式需要对面向国家需求的师生互动过程管理、渐进型培养为主与突变型培养为辅的过程管理、六环节 PDCA 循环的过程质量管理三方面协同迭代开展深化拓展，以为新商科贯通培养实践提供更具操作性的指导和应用推广。

参考文献

［1］陈达，王慧，仲建峰，等．基于流程再造的"本硕博"贯通式培养模式探索［J］．现代教育科学，2019（12）：91-95.

［2］成新轩，刘超，赵紫凤．地方高校经济学类本硕博贯通的复合型人才培养模式研究［J］．学位与研究生教育，2022（12）：26-32.

［3］黄明福，王军政，肖文英．新工科背景下"本硕博一体化"培养模式研究［J］．北京理工大学学报（社会科学版），2019（6）：171-176.

［4］贾海蓉，张雪英，李鸿燕．"本硕博"贯通人才培养模式的系统思考——以语音信号处理系列课程的一体化改革为例［J］．系统科学学报，2019（4）：45-50.

［5］刘劲松，徐明生．贯通式博士研究生培养模式困境与重构［J］．研究生教育研究，2017（2）：47-51.

［6］柳进，刘明珠．贯通式本硕连读培养模式［J］．学位与研究生教育，2002（9）：35-38.

［7］孙金花，代言阁，胡健．导师隐性知识对研究生科研兴趣的影响——基于不同主体主导互动方式的调节效应［J］．研究生教育研究，2019（5）：38-44.

［8］谭晶，石鑫，杨卫民，等．本硕博贯通式人才培养模式的探究——基于中国塑机创新人才培养基地［J］．创新创业理论研究与实践，2022（23）：110-113.

［9］吴静怡，奚立峰，杜朋林，等．本硕博课程贯通与交叉人才培养［J］．高等工程教育研究，2015（3）：94-101+107.

［10］许祥云．研究生与导师互动：影响因素及其作用机制模型——基于扎根理论的研究［J］．研究生教育研究，2020（1）：59-66.

［11］闫广芬，尚宇菲．本研贯通人才培养模式的核心要义及发展路向［J］．研究生教育研究，2020（2）：34-39；73.

［12］张莉．本、硕、博贯通式人才培养模式的利弊分析及对策研究［J］．学位与研究生教育，2015（6）：13-16.

［13］赵庆年，陈夏莹．本博（本硕）贯通式创新人才培养成效研究——基于"创新班"与"普通班"比较的视角［J］．现代教育管理，2020（11）：95-101.

［14］赵晓峰．新形势下社会科学研究生培养应注重"三个贯通"［J］．研究生教育研究，2021（6）：58-62.

［15］MARCH J G.Exploration and exploitation in organizational learning［J］.Organization Science，1991，2（1）：71-87.

专业数字化转型理论框架的研究基础、影响因素与实践路径

王知强

（黑龙江职业学院工商管理学院）

在数字经济环境下，面对高等教育的快速发展局面，针对当前社会、学界和企业界发展的必然趋势和要求，应用成果导向与行动学习的教育理念，积极进行高等教育专业数字化转型研究，着力推进高等院校的专业升级和数字化改造势在必行。在高等院校专业升级转型中，需要对接当前新形势，契合行业发展新态势，积极做好专业各层级的横向融通，强化校企合作，深化产教融合，进行高等院校专业教师、教材和教法的数字化转型重塑，推动高等院校专业建设全方位升级。以数字经济新动力赋能高等院校专业人才培养数字化转型发展，全面提升高等院校专业人才培养质量和创新水平。

一、引言

党的二十大报告指出："加快发展数字经济，促进数字经济和实体经济深度融合，打造具有国际竞争力的数字产业集群。"党的二十大报告为推动加快我国数字经济建设、实现更高质量发展指明了前进方向。数字经济时代对适应企业数字化转型中高素质创新人才的迫切需求，也已成为高等教育必须回答的新时代命题。特别是当前后疫情时代，在加速推动高等教育向数字化转型的同时，也给全

球高等教育带来了广泛而深刻的冲击。当前，我们应提升高等教育数字化治理能力，把握新时代数字化革命的历史发展机遇，用数字化技术赋能高等教育，开辟高等教育数字化新领域，重塑高等教育数字化新生态。

二、高等院校专业数字化转型的理论基础

（一）高等院校专业数字化转型的研究视域

（1）当今世界，以美国、德国等为代表的北美、西欧发达国家，已将教育的数字化能力培养、数字化资源开发与利用和数字化设施与设备建设等作为教育数字化转型的行动重点，并且已逐渐占领了当今世界数字经济时代的发展前沿。

（2）在我国教育部2022年工作要点中，指出要"实施教育数字化战略行动"，对教育数字化进行深化，强调"推进教育数字化转型和智能升级"。数字化转型不仅是高等教育应对数字经济时代快速发展的必然趋势与要求，同时也是高等教育与大数据、人工智能等现代数字化技术的深度交叉融合，更是重构现代高等教育体系的强大内生需求，这些已经成为当前备受关注的高等教育热点话题。

（3）关注高等教育数字化转型的内涵。

① 高等教育数字化转型是一种基于数字技术的系统性创新发展过程，包含自我赋能、秩序生成与范式转变的内涵特征，最终指向重塑高等教育健康新生态；

② 高等教育数字化转型形成以高等教育新型基础设施建设为起点、以校企合作一体化的数字化技能培训为进路、以高等教育技术理性牵引外化数字样态为旨归的逻辑框架；

③ 高等教育数字化转型要重塑高等教育新生态，升级"虚实共在"的数字化思维，更新高等教育数字化转型理念，开展"协同共建"的数字化项目，推进高等教育数字化建设进程，实施"智慧共治"的数字化治理，打造高等教育全域数字生态圈。

（二）高等院校专业数字化转型的实践导向

当前的高等院校专业数字化转型注重成果导向，坚持行动学习教育理念。

（1）成果导向与行动学习的有机结合，为在数字经济快速发展的背景下，进行高等院校专业数字化转型研究注入了旺盛的生命力。

（2）专业数字化转型的终极目标是专业数字化人才的培养，而专业数字化人才培养的本质属性需遵循成果导向与行动学习的教育教学理念，以学生数字化专业能力的培养为核心，才能更好地进行专业的数字化转型以及专业的升级与改造，才能更好地为我国的数字经济建设服务，为国家输送大批数字化领域高素质、高技能的建设者和接班人。

（3）成果导向教育理念为我们开发学生数字化能力体系的构建方案和评价方法提供理念指导，而行动学习是实现学生数字化能力培养的有效方式。

（4）根据成果导向和行动学习理念，将学生的学习数字技能成果作为突破口，针对专业人才培养和数字化转型发展的特点，结合高等院校数字化人才培养的具体情况进行研究。

（5）在数字经济大背景下，应用"成果导向+行动学习"教育理念，教师需要结合现代化数字技能人才培养教育理念，改变以往的灌输式教学方法，从而激发学生数字化能力培养的学习热情，使学生全身心地投入到数字技能学习中，并且充分发挥学生的主体学习作用，进而提高数字化能力的总体教学质量。

（6）教师应以数字化高新科技为切入点，以学生为中心创设数字技能数字化教学活动，从而最终真正实现数字化能力的有效教学。

三、高等院校专业数字化转型的影响因素

（一）当前社会发展要求高等院校专业数字化转型

"十四五"时期，以数字经济为代表的智能经济形态已成为经济增长的重要力量。

（1）我国各行各业均已进入高质量快速发展的黄金期，数字经济发展已进入高速发展阶段，为经济社会发展增添了核心动力。

（2）新一代数字技术的集成创新，对高校专业人才的数字化知识结构、技能结构、素养结构等核心方面提出了更新更高的要求。

（3）在当前新的历史发展趋势下，各行各业都与大数据、云计算、人工智能等新一代数字化技术有着千丝万缕的联系，而高等院校专业尤为明显。当今社会要求行业从业人员懂得更多相关的数字化技术，才能胜任本职工作，高等院校专业的发展格局正在逐渐发生变化。

因此，高等院校要适时对专业进行数字化升级改造，以适应数字经济社会对

复合型数字化人才的旺盛需求。

（二）理论研究发展关注高等院校专业数字化转型

（1）在新商科发展与专业建设研讨会上，专家提出现在商学教育共识性难题是："我们正在用福特主义时代形成的商学理论知识，教现在信息化时代的工商管理专业学生、EMBA和MBA学员去面对未来智能化时代的各种挑战。"

（2）高等院校专业的转型升级，并不是大数据、互联网、人工智能等新一代数字化技术与高等院校传统专业的简单结构堆砌，也不是大数据、互联网、智能化在高等院校传统专业的直接应用，其本质上是一种在数字经济背景和数字化智能化下提出的高等院校专业新理论与新方法。

（三）企业数字化转型"倒逼"高等院校专业升级和数字化改造

（1）当前，我国企业数字化转型引发工作场景的变革，高等院校专业要适时应用数字经济时代数字化技术改造专业和课程。

（2）用新职业岗位与专业群、专业和课程体系进行对比分析；用新岗位场景促使教育教学场景的转变与改革；用数字化技术改造高校专业和课程，实现跨界整合、跨学科专业融合。

（3）高等院校专业教育要紧跟数字化时代的快速发展，逐渐形成数字化的思维与意识，进而树立数字化的观念与形态，接下来进行数字化的改革与实践，最终推动高等院校专业和课程的数字化转型与改造。

四、高等院校专业数字化转型的实践路径

专业转型升级要与区域经济建设有机结合，要适应地方产业、战略性新兴产业和未来企业的发展需求。推动组建一批特色专业集群，要紧跟数字化新业态、新模式、新产业和新技术的发展，要重点发展与战略性新兴产业相对应的专业，要大力发展与地方支柱产业相对应的专业、专业群。为了应对数字经济时代所带来的新挑战和新问题，要深入推进高校专业与产业、行业的对接，促进专业数字化建设提质增效，持续提高数字化人才培养质量，建成专业数字化技术技能人才培养高地。

专业升级和数字化改造，要研究国家战略、研究市场需求、对接先进技术，以数字化为逻辑起点，坚持场景导向，形成专业和课程改造方案。在专业升级、

数字化改造转型过程中，要应用成果导向与行动学习教育教学理念，要坚持对接专业新职业岗位及岗位群、重构专业设置体系、服务产业转型升级、紧跟数字化技术进步、匹配新技术发展的工作原则。面向不同行业的数据驱动、人机协同、跨界融合，对专业进行全面升级和数字化改造与转型。

当前，要加快打造数字化企业生态圈，构建数字化生态产业链，培育数字化生态集群，形成"数字化引领、共同携手企业创新、整合产业行业普惠共赢"的数字化生态共同体，展现数字经济红利，共同支撑我国数字经济高质量发展。以大数据、人工智能、云计算等新一代数字化技术为特征的数字经济，驱动高等院校专业产业链数字化升级，助推数字化专业人才培养模式的变革。

根据当前数字经济背景和我国高等教育发展情况，依据目前我国社会、学界和企业发展的必然趋势和要求，应用成果导向与行动学习的教育理念，本文构建了高等院校专业升级和数字化改造转型模型，如图1所示，提出了专业升级和数字化改造的基本思路，推动高等院校专业建设全方位升级，进而全面提升专业人才培养质量和创新水平。该模型以数字化转型为基础，涵盖了多个基本转型因素，并提出了具体的实施转型路径，进而助力高等院校专业的数字化转型。

（一）高等院校专业数字化转型要对接当前发展新形势，契合行业发展新态势

当前，我国数字经济、智能经济等业已成为产业、行业和企业发展的新引擎和核心驱动力。我国各行业众多岗位呈现智能化和协同化等特点，迫切需要对接岗位新需求，提升我国高校专业人才供给质量。在此前提下，高等院校要对接新经济、新业态、新技术和新职业，科学分析产业、行业、职业、岗位与专业、专业集群，全方位推进我国高校专业升级和数字化改造。

一是对接新经济。面对当前我国各行业传统模式的转型升级与数字化改造，对接数字经济、智能经济等全新经济形态，为我国经济快速发展服务。

二是对接新业态。数字化技术与我国实体经济深度交叉融合，新业态快速健康有序发展，呈现智能化、体验式、共享式、定制化、高效性、便捷性等特征。

三是对接新技术。对接数字化技术，大数据、物联网、区块链等新一代数字化技术将促进多业态、行业、企业融合。大量复合型技术技能岗位应运而生，将对数字化人才培养提出更高的要求。

四是对接新职业。我国全新商业模式将推动职业结构变迁，商贸行业新职业新岗位层出不穷，将有力促进高等院校专业课程数字化升级、转型与改造。

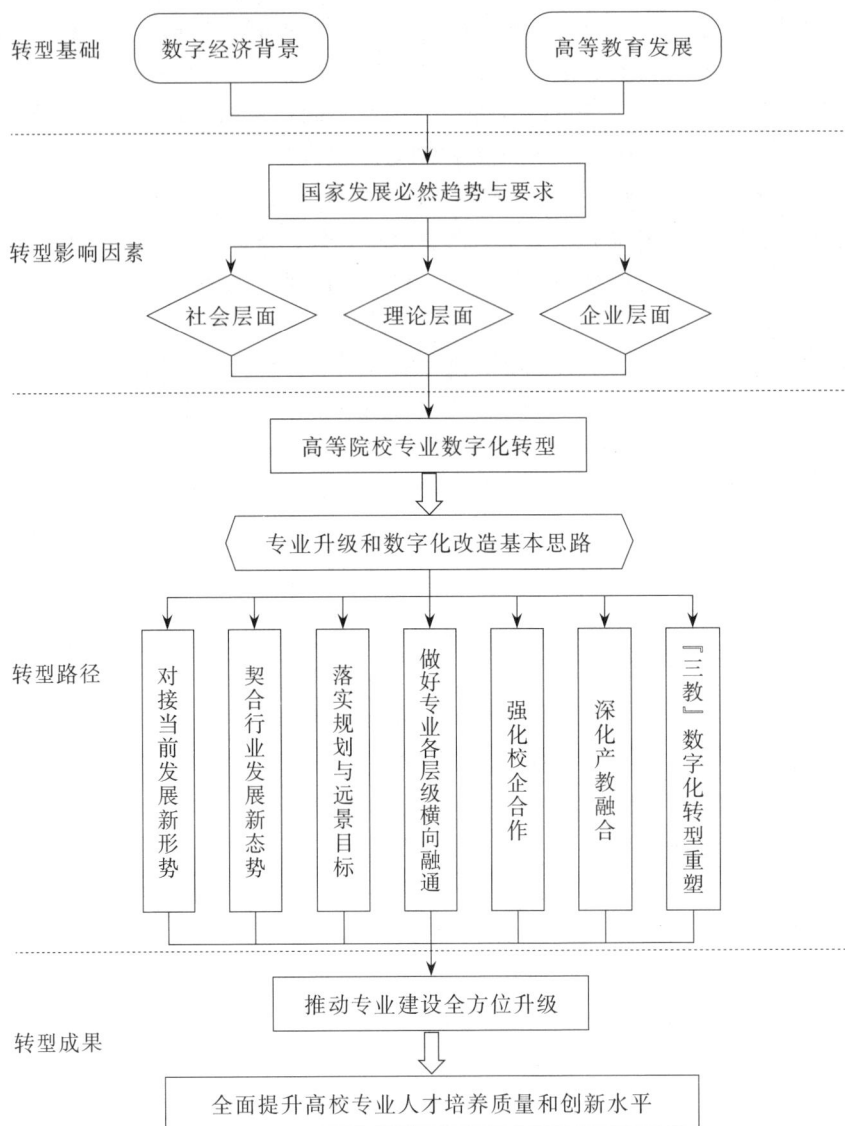

图1　高等院校专业升级和数字化转型模型

（二）高等院校专业数字化转型需落实规划与远景目标，做好专业各层级的横向融通

第一，专业升级和数字化改造与转型需全面落实国家"十四五"规划和2035年远景目标，服务经济高质量发展。

一是对应我国现代服务业重点领域设置专业、课程，服务新业态、新职业，补齐我国高校专业人才培养短板。

二是对接我国产业链、供应链数字化提升与改造转型，供应链建设已上升到国家战略，供应链管理服务将作为新经济和新业态一并纳入国民经济行业分类。

三是服务于我国当前数字产业化和产业数字化的发展趋势，推动数字经济和实体经济深度融合发展，企业将作为最重要的市场主体。因此，企业数字化转型是产业数字化的关键所在，具有举足轻重的作用与影响。

第二，在高等院校专业的数字化转型中，应做好专业各层级的横向融通。

一是专业课程间的融通，针对某一专业大类的不同专业，挖掘专业数字化领域知识和技术的共性，搭建专业数字化不同层级的共享课程体系框架，实现专业学分的互通和转换。

二是与专业技能大赛的融通，根据专业结合数字化岗位需求，及时调整专业技能大赛方案，重建专业课程，真正培养学生岗位所需专业数字化技能。

三是与职业资格证书的融通，针对专业做好职业资格证书的衔接，及时做好专业职业资格证书的标准调整以及教材修订等工作。

基于成果导向理念，真正实现以学生为中心，推进专业人才培养的多向贯通。

（三）高等院校专业数字化转型要强化校企合作，深化产教融合

专业建设作为学校生存和发展的核心，要聚焦新职业进行专业升级改造。

（1）要强化校企合作，深入对接企业，按照专业贴近产业、专业课程对接岗位的要求，对专业定位进行明确；对专业人才培养模式进行改革；对专业课程体系进行重构；对专业教学方式进行转变，进而实现专业人才链、创新链和产业链的无缝对接。

（2）专业升级和数字化改造的终极目标就是要深化产教融合，提升专业人才培养质量，从而增加高等教育专业的吸引力，形成完备的专业教育类型。

（3）现代专业教育要牢牢把握数字经济发展的历史趋势，以产教融合推动高等教育专业的数字化转型；对接产业链和岗位链，将每个专业培养的人才对应到具体化的岗位；倡导岗证课赛，打破学科专业之间的限制，校企联合赋能培养专业复合交叉型人才。

（4）以培养具有核心竞争力的数字经济时代新人为己任，时刻捕捉企业人才需求动向。致力于探索深化校企合作路径和模式，改进专业人才培养规格。深入推进数字化领域的产学合作、产教融合、科教协同，应用产业学院新模式，占领产教融合新高地，更好地服务于区域经济高质量发展。

（5）建立以提高我国高校专业实践能力为引领的人才培养流程，实现专业链与产业链、人才培养与产业需求融会贯通。探索产教深度融合、多方位协同育人的应用型、复合型、创新型人才培养模式，为社会提供专业人才保障和智力支撑，为经济发展培养专业人才。

（四）高等院校专业数字化转型要体现专业教师、教材和教法的数字化转型重塑

基于现实需求和高等院校发展实际，高等院校专业教师、教材和教法要力争做到数字化转型重塑。

一是我国高等院校专业教师要转变教育教学观念，应用当前国际上先进的成果导向与行动学习教育教学理念，重建能力结构，重构数字化综合素质。需要着力构建数字化思维模式，提高数字化教育教学能力，创新数字化教育方式，整合数字化资源结构，创建数字化场景，最终实现数字化体验。

二是高等院校专业教材要对接数字经济新科技产业，创新数字化教材模式，服务于终身学习。教材的知识结构体系要实现从单一体系到数字化跨界整合进而融合。教材内容更新从相对滞后到动态更新，呈现形式从以纸质为主到数字化智能化融合等模式，真正做到教材的数字化动态更新。

三是高等院校专业教法要体现：数字化教学内容与产业需求对接；教学目标与专业职业标准对接；教学过程与数字化生产过程对接；数字化技术运用与高等教育教学规律对接。力求做到支撑跨学科、跨专业、复合型、创新型数字化人才培养以及全生命周期终身学习的数字化基本能力培养等。

五、高等院校数字化转型的成果

在推动专业建设全方位升级与提升创新水平进程中，要重构专业人才培养方案。在校企合作、产教融合、双师团队、实训基地、研究院所和产业学院等方面做大做强。构建专业数字化转型的"学科基础能力、专业核心能力、专业拓展能力、综合技能提升、综合能力运用"五阶段能力递进的专业人才培养模式。以商科专业为例，要重点培养商科专业学生市场运营、数据挖掘与分析、客户服务与管理、新媒体技术应用等核心能力。

在推动专业建设全方位升级与提升人才培养质量进程中，要重构专业课程体系。高等院校要针对行业的技术共性，设置平台技术课。针对某一专业的技术个性，设置专业方向课或者专业选修进阶课，打通专业大类专业人才培养的技术属性堵点，真正实现专业升级和数字化改造。以商科专业为例，应重点建设商务数据挖掘分析、新媒体应用技术、客户服务管理、数字营销和管理学应用等五门商科平台技术课程。

在推动专业建设全方位升级进程中，要做好专业的教师队伍建设。专业教师是改革的源头、重点和难点，应根据信息技术赋能和数字化改造的典型特点，对原有专业师资进行培训提升。通过稳定校企合作专业双师团队、引进专业师资、院校之间共享师资等途径，构建专业师资队伍。只有厘清高等教育教师培养体系的核心逻辑，进行高质量的专业教师队伍改革，才能真正提升高等院校专业人才培养的供给水平。高等院校要构建"名师领衔、骨干支撑、梯队合理、专兼互补"的教师队伍，数字化技术赋能教师专业成长，注重传承创新民族文化，重塑教师的"专业精神"，如建设"线上线下融合"的全渠道师资培训环境等。

六、结语

高等院校专业升级和数字化改造与转型，提升数字化人才培养质量和数字化应用水平并不是一蹴而就的，而是一项复杂的系统工程，要集中优势力量，重点推进，形成合力。高等院校要强化专业建设的数字化意识，要以数字化为逻辑起点，坚持场景导向，对专业进行数字化改造。高等院校专业升级和数字化改造要紧紧抓住紧贴产业发展这个关键，要深入研究所在行业的最新发展技术，要顺应产业数字化、网络化和智能化发展新格局。总之，高等院校要立足于我国高等教育基本定位，适应社会对专业人才培养的新要求，促进专业转型升级，全面提升专业人才培养质量和创新水平。

下　篇

"活"案例教学与实验
教学创新探索

"活"案例教育教学理念与课堂适应性变革①

肖静华

（中山大学管理学院）

　　数智时代无论是学生还是教师都面临着高度不确定性的挑战。教师教育教学理念和课堂教学模式为此做出适应性变革，是指导或引导学生在课堂学习方式上做出适应性变革的必要条件，即学生的适应性行为调整是以教师的适应性行为调整为前提的。本文聚焦于数智时代"活"案例教育教学理念的基本内容，以此为基础，阐述教师与学生应如何互动，进行课堂适应性变革。全文由五个部分组成：第一部分介绍"活"案例教育教学的缘起，明确该教育教学模式的理论基础，分析教育对象即"00"后大学生的主要特征，由此阐述"活"案例教育教学的基本理念。第二部分从如何落实"活"案例教育教学理念的视角，分析教师在教学实践中应用"活"案例教育教学理念的具体路径，提炼"活"案例教育教学理念的主要创新特征。第三部分从环境变化对商科教学的挑战入手，探讨课堂适应性变革的具体内涵和实施方式。第四部分阐述新商科教学模式和方法，以及教学和人才培养的变革。第五部分为结论。

---

　　①　肖静华，中国信息经济学会副理事长兼秘书长，中山大学管理学院教授，博士生导师。本文根据作者在2024年中国信息经济学会第八届理事会第六次工作会议暨第四届东北数字产业创新发展高端论坛上的报告内容，结合作者教学实践整理修改而成。

一、"活"案例教育教学的基本理念

国外的案例教学主要受环境变化和标杆经验的启发，尤其是欧洲和美国在这方面的实践。数字经济已成为各国竞争的关键领域。数智融合和数字技术虽然带来了新的机遇，但同时也带来了前所未有的挑战。中国在加入 WTO 前后，大都处于相对落后的位置。因而当我们的管理出现问题的时候，通常可以借鉴和学习发达国家的技术和经验。然而，在数字经济的新环境下，即使是发达国家其管理经验也显得不够成熟，它们与我们一样也处于探索过程中。这与早期信息化时代不同，当时有 SAP、Oracle 等成熟的软件和咨询公司的经验可供借鉴。

所以，目前的这种焦虑都源于我们过去的相对舒适、相对落后的状态。尽管我们都不喜欢"落后"这个词，但实际上，落后有时意味着有更多的问题有待解决。而创新对我们来说，可能是一个相对陌生的领域。我们面临的转型本质上是从模仿到创新的过程。在这样的过程中，如何进行创新和探索？有一篇研究回答了这个问题，它探讨了人类为什么会存在创造力。创新在事实上是一个不断试错的过程。那么在这个过程中，如何在教学中为学生创造更多的试错机会，是我们商科教学需要特别考虑的问题。而传统的课堂教育模式并不鼓励学生试错，因为他们只是听众，接受的都是成熟的知识和体系。这就是环境带来的改变。

在培养学生的创新意识和能力方面，发达国家有许多值得学习的经验。例如，瑞士苏黎世联邦理工学院在本科生教育中非常强调实践应用，美国的麻省理工学院在供应链、建筑学等专业上也非常强调学生的动手能力。瑞士洛桑联邦理工学院等学校还会让学生在学完顶尖设计作品后，进行重新设计，并与原设计进行比较。美国的一些大学也进行了类似的探索，如纽约城市大学的商学院。他们有一门课程是围绕全球供应链进行的，学生整个学期都不在学校上课，而是实地考察供应链的各个环节。他们当时选择了美国的沃尔玛。首先到美国东海岸的沃尔玛超市考察整个货品和供应情况，基于所有产品和美国的全域分销网调研沃尔玛的做法，最后再到美国西海岸的旧金山看沃尔玛的物流体系。后来，沃尔玛其中一个重要供应商就设在中国，于是班级的 30 多位同学从美国飞到中国深圳、广州、上海。当然，这也体现出他们的经济实力比较强，所有学生的交通和住宿费用都是由学校或学院承担的，所有的路线也是学院设计好的。30 多位同学每人都会分配到关于供应链管理的具体议题，在调研过程中针对该问题进行研究，最后出具一份研究报告，作为课程的结项报告。这种教育方式非常实用，值得我们学习。虽然我们可能无法带领学生进行全球考察，但这种教学模式是可以借鉴的。

"活"案例教学的理论基础也来自心理学等领域的研究。同时，我们所有知识的来源均根植于实践活动。我认为，对于商科教育而言，其本质上是一个应用性强、实验性突出的领域。因此，我们也尝试研究了教育学相关知识，尽管我们所学的并非教育学专业，但仍努力补充这方面的知识。从培养学生创新意识和能力的视角来看，教育的本质是一个社会过程，在这个过程中教育应涵盖自我认知和自我发展。这对当前大学生的教育至关重要。

现代大学教育不应仅仅是一个简单的知识传递过程。教育的目的不是填满学生的头脑，而是点亮其心智和心灵。因此，我们培养的重点是学生的思维能力。特别是对"00后"这一代，他们的爱好和习惯与我们有很大不同，我们需要更多地了解并理解他们。

近年来，我综合上述讨论和分析，在总结自身教学实践经验、教学研究成果和教材编写心得的基础上，以立德树人，培养人才独立创新思维和能力作为首要任务，在教育理念、育人体系、实施思路、模式方法上形成"活"案例教育教学改革成果（如图1所示）。

如图1所示，"活"案例教育教学理念不是几条标语或观点，而是一种根植于具有悠久历史的互动教育思想基础的教育教学理念，同时也是结合当代中国国情和社会经济发展需求的教育教学理念。因此，"活"案例教育教学理念强调育人体系建设，重视实施思路的可操作性，突出教育模式与教学方法的创新性，以成效或影响结果为迭代创新的起点，形成"思政融入、科研引导、课堂革命、实践反思"四位一体的育人体系。其中，在思政融入环节，主张思政贯穿教育教学全过程。在科研引导环节，强调以重大重点科研项目和国际合作引导学生开展创新活动。在课堂革命环节，主张通过"活"案例教育模式与教学方法来贯彻思政融入和科研引导。在实践反思环节，强调通过产教融合与产学协同育人等多种方式，以中国产业或企业前沿的"真"问题为导向，促进学生的自我反思和自我认知。

具体而言，数智时代"活"案例教育教学需要践行学生-教师双核心的教育理念，以数字化手段，求真务实呈现思政教学。首先，将教育视为在教师与学生互动中学生自我认知与自我理解的过程。为此，需要教师通过合作开发课堂小程序，以生为本贯彻思政教育，求真务实呈现思政教学，多样灵活表述思政内容，将教师主持的国家科研项目等学科前沿知识成果融入课堂教育教学中，形成案例研究与"活"案例教学互促融合的教育教学创新活动。其次，在"活"案例教育教学理念指导下，构建"思政融入、科研引导、课堂革命、实践反思"四位

教育理念

①教育是在教师与学生互动中学生自我认知与自我理解的社会过程
②教育不是把篮子装满，而是把灯点亮
③学生是教育教学的核心，教师是教书育人的核心，选拔培养拔尖育人教师群体是新商科教育创新的关键

	思政融入	科研引导	课堂革命	实践反思
育人体系	思政贯穿教育教学过程	重大重点项目+国际合作	"活"案例教育教学	产教融合+产学协同育人
实施思路 / 模式方法	以生为本贯彻思政教育 求真务实呈现思政教学 多样灵活表述思政内容	国家社会科学重大项目 国家自然科学重点项目 国际合作理论创新导向	小切口课堂教学改革 "活"案例教学模式与方法 合作开发教学小程序	"活"案例企业合作群 产教融合共创价值平台 人与AI协同育人新模式
成效影响	1项省教学成果一等奖；2项全国学术团体教学与人才奖；选拔一批拔尖人才	国际合作项目获教育部一等奖；广东省福建省一等奖3项；UTD+FT+Q1期刊论文7篇	主编1部教育教学论文集；5篇"活"案例教改论文；40多所院校教改专题报告	1项校级协同育人合作项目；管理科学、工商管理、电子商务类专业领域示范教学

图1 "活"案例教育教学理念指导下的教学改革成果

一体的"活"案例教育教学改革实践体系。例如，在2023年授课过程中，我深刻反思了自己的教学方法。一位学生向我提出了一个要求，希望我"己所欲，勿施于人"。这让我意识到，作为教师，我们应以开放的心态接受学生的观点。从小接受的教育都告诉我们"己所不欲，勿施于人"，这是从道德和规范的角度去考虑的。但当代大学生就是敢于向教师表达自己的观点，这是民主逻辑的体现，他们希望表达自己的观念。尤其是在经济管理类的教学中，环境变化迅速，教科书上的知识往往已经落后于现实。因此，我们需要去改变商科的教学方式。

二、落实"活"案例教育教学理念的路径与创新性

落实四位一体的"活"案例教育教学理念，既是应用和推广"活"案例教育教学活动的关键，也是发展和丰富"活"案例教育教学理念的重要一环。根据我自身的教学实践，可以将落实"活"案例教育教学理念的总体思路归纳为三个：一是通过团队教学实践、国内高校示范教学持续完善"思政融入、科研引导、课堂革命、实践反思"四位一体育人体系；二是通过教育教学研究提炼、总结四位一体育人体系的特征和规律；三是通过"以报促研""以报育人"提升四位一体育人体系培育人才成效，即通过申报国家级教学成果促进教育教学研究（以报促研）、通过申报优秀成果奖培育青年人才（以报育人）来提升四位一体育人体系的培育人才成效。

就"活"案例教育教学理念的创新性而言，在思政融入环节，我以国内高校推广"活"案例立德树人示范教学为路径，提炼出思政与专业教学深度融合的模式与方式，总结思政融入环节的创新特征。在科研导入环节，我主要以数据要素、数据资产、人机协同等国际前沿课题为引导，选拔培育数智时代管理理论创新人才，形成科研导入环节的创新特征。在课堂革命环节，我以小切口的"活"案例教育教学创新，带动适应数智时代生产方式新要求的人才培育模式大变革，形成课堂革命环节的创新特征。在实践反思环节，我以中国产业或企业前沿实践的"真"问题为导向，在教育教学实践中反思高校人才培育模式的创新方向，形成实践反思环节的创新特征。

目前，四位一体教育教学育人体系被国内多所高校借鉴和推广，产生重要影响。2021年，山西财经大学评价认为，四位一体的"活"案例教育教学模式与方法"对我校工商管理、管理科学等学科建设与教学实践形成良好的示范带动和

创新启示成效"。近五年来，我应北京理工大学、电子科技大学、福州大学等国内 30 多所院校邀请做产教融合的案例教育教学专题报告，持续推广"活"案例教育教学模式与方法。

三、基于"活"案例教育教学理念的课堂适应性变革

我们知道，在社会治理视角下，适应性被视为治理体系运行的一种理想状态，它能保证治理体系在复杂动态环境中的应变能力。在组织管理视角下，适应性指基于已有知识积累和组织实践，制订管理决策方案，进行严格实施。因此，适应性大体可以分为主动适应机制、被动适应机制。我将适应性概念引入课堂教学讨论中，我认为，课堂适应性变革指面对数智时代的高度动态变化环境，教师和学生均应做出合适的反应，包括从教学环境、师生互动行为、课堂组织方式到学生学习方式等的合适反应。

基于"活"案例课堂教育教学理念的课堂革命，本质上是教师和学生对时代要求的双向适应行为结果。可以说，数智环境变化对"活"案例教育教学提出了时代需求。在课堂教学上，我们面临着巨大挑战：一方面，许多实践探索已超越了书本知识，而书本上的案例大多滞后于企业的前沿管理实践。另一方面，传统的教学模式难以激发学生的积极性和创造力。怎样发挥学生的创造力和优势呢？

大数据和人工智能的应用正在改变对人的能力要求。我们团队在研究美的集团案例时发现，随着美的品牌部的转型，其核心能力在不断发生变化。从前，在线下拓展时，品牌部的核心型业务就是与各种传统媒体打交道。后来到线上发展，主要就是在抖音、小红书、B站等不同平台做策划。从 2023 年开始，品牌部增设了 AI 训练师的岗位，训练 AI 更好地满足品牌需求。所以，对人的能力要求是一直在改变的，我们更需要思考如何培养适应快速发展需要的人才。

为了适应上述变化，商科教育需要在思维模式、知识构建和能力提升三个方面进行变革。我们采用"活"案例教学的方法，尝试使用实际案例提高教学的鲜活性和互动性。这里的"活"主要体现在三个方面：首先，教学案例来源于现实企业，通常是与我们有合作的企业，以确保案例的匹配度和价值性。其次，教学活动高度模拟现实情景，教师在教学过程中扮演企业高管角色，同时，邀请企业

管理者或MBA学生担任财务总监、首席信息官等角色，每个小组成员根据其职能承担不同角色，如项目经理、财务主管、流程分析师等，在教学过程中不断提高学生的参与度。最后，教学设计灵活多样。"活"案例教学不局限于特定课程，不同的教师可以根据自己课程的内容、特色和需求灵活调整。

"活"案例教学的目标是应变思维、知识和能力的提升，教学模式和方法围绕这一目标展开。以我们给四年级本科生开设的"数字化战略与管理"为例，具体分为四个步骤：首先，进行4~5次的理论讲授，梳理数字化战略、转型和变革等概念和相关理论；其次，选择2家企业，带领学生进行实地调研。实地调研不同于传统的企业参观，要求学生对企业面临的关键问题进行研究。企业会提供3~4个研究课题，学生选择后围绕课题形成项目，进行分组竞赛；再次，采用迭代式报告的方式，学生在课堂上进行3次演练报告，课后进行2~3次演练报告，形成最终的分析报告或设计方案；最后，邀请企业高管参与最后一节课，对学生的报告进行点评，提供反馈和互动交流，让学生的工作得到实践性的检验。

这种教学方法需要在六个方面得到保障：知识保障、案例资源保障、方案选择的适配性、软件应用、游戏化设计及管理者参与。我们建立了全过程互动的教学体系，从前、中、后三个环节形成闭环，确保教学效果。"活"案例教学强调实践的重要性，鼓励学生通过模拟实践来检验所学知识。

具体来讲，第一，学生前期学习的理论知识成为这门课的知识保障。他们通过理论与实践的结合，对报告不断修改完善，专业性得以提升，50%以上的报告都得到企业的认可和采纳。第二，我们利用校友资源和企业资源建立了"活"案例群，包括珠江钢琴、索菲亚等，形成案例资源的保障。第三，选择合适的课题对学生而言至关重要，我们根据企业的难点以及学生的能力、兴趣和优势来确定研究选题（例如线上渠道、品牌竞争、跨界合作等），并给予学生适当的选择权。第四，教学中应用教学软件，提高教学效率和学生的参与度。第五，采用游戏化设计。游戏的机制设计主要包括竞争、挑战、参与、成就、反馈和驾驭，通过将这些设计元素融入课程中，让课程充满乐趣和挑战。我们每周给学生安排一个小任务，不断树立他们的信心。第六，让管理者参与教学。企业管理者非常忙，不太可能参与教学的许多环节，我们请他们主要参与两个环节：一是在调研时进行交流分享，二是在最后一节课时对学生的方案进行评价。这两个环节的企业管理者参与对学生来说非常有价值，可以加深他们对管理实践的理解。

四、"活"案例教育教学的实践反思与人才培育

我们的教学实践表明,"活"案例教育教学变革对人才培养有显著改变,教师、学生和企业管理者三方都能获益。通过这种方式,我们能更好地启发学生,学生的反馈也更加积极。同时,企业管理者能更好地了解年轻大学生,激发他们的思考。对教师而言,这种教学也有助于更好地了解企业,反哺研究。学生在向企业管理者做报告时,代表的不仅是自己,还有学院和学校,这种使命感促使他们更积极地参与解决企业难题,培养社会责任感。这是一种有效的思政教育,让学生提升学以致用的能力。

这种教学方式锻炼了学生解决问题的能力、沟通交流的能力和掌握工具的能力,以前很多以知识传授为主的课程很难达到这样的训练效果。而在活案例教学中,学生每周都要进行报告,梳理逻辑和进行知识整合。他们学会从企业的角度出发,明确自己的优势,并在团队中发挥作用。

在"活"案例课程上,没有作业,只有任务,学生需要为了完成任务而进行文献阅读及技能学习。这样一来,阅读文献就不再是教师强加给学生的作业。此外,学生们还发放问卷、学习爬虫技术、学习编辑视频等,进行正式和非正式排练。每次他们报告完后,我们都会进行分析,指出具体问题和改进方向。

从训练结果来看,我认为最重要的价值在于学生在这个过程中提升了研究和反思能力。一方面,从随意的批评到深刻的分析。例如学生在调研后,指出广州酒家品牌和产品的问题时,经理当场提出质疑:为什么尽管存在这些问题,企业仍然运营良好?通过与企业管理者的对话,学生们了解到企业总是存在许多问题,但关键是在不同的时间解决不同的问题。另一方面,从缺乏数据的结论到有理有据的判断。如果是一般的课程作业,学生往往查几篇文献就做一个企业的优劣势分析,没有充分的数据支持。但当学生做索菲亚公司的优劣势分析时,索菲亚的管理者指出结论不准确,这促使学生重新收集资料,审视数据,了解家居行业的结构变化,最终得出切合实际的判断。

综上所述,我们鼓励学生在现实中理解理论,认识到理论并不能直接解决问题,但理论可以帮助企业减少问题。特别是对于商科学生,在获得实践经验后,他们对实践和理论的理解更加深刻,进而实现思维训练、知识构建和能力提升的目标。思维训练和知识建构就是要不断反思所学理论与实践之间究竟是什么关

系。此外还涉及综合能力，学生的方案要想得到企业认可，需要思考如何通过以理服人、以情动人的方式打动企业管理者。上完这门课后，学生们评价认为这门课让学习变得有挑战、有乐趣，能力得到快速提升，尽管要付出3倍的努力，但收获了6倍的价值。

此外，产教研在这一过程中得到了更好的结合。学生们在项目中不断提问和思考，促进了科研的发展，同时，产业的参与也促进了教学，科研与产业之间建立了更好的桥梁。一方面，课堂上的讨论和学生提出的问题激发了我们团队进行数字化转型的系列研究；另一方面，产业的参与也更好地促进了教学，若企业发现学生的方案对他们有启发，会有越来越多的企业愿意支持"活"案例教学。通过产教研的相互促进，可以实现教师、学生及企业管理者三方的价值最大化。

在数字经济时代，我们的教学变革和人才培养目标应当与时俱进。我们希望通过教学变革实现核心理念——让学生发现自我、认识自我。我们鼓励学生从被动学习、追求分数的模式，转变为主动挑战和超越自我的内在驱动模式。在教学方法上，我们从传统的静态案例分析，转变为鼓励学生主动探索和解决实际问题，实现创新性学习。学生不再是仅仅通过阅读文字材料进行分析，而是直接参与到企业的实践中，通过解决实际问题来获得成长。

在数字经济时代，应用性知识的生命周期越来越短，因此，我们在课堂上要培养学生的能力，特别是创新和探索的能力。为了培养学生的创新和探索能力，我们需要为学生创造更多试错的机会。如果学生在学校里没有试错的机会，他们在社会上犯错的成本将会更高。因此，我们需要在学校鼓励学生试错，让他们在试错中探索，不断成长。

五、结论

综上所述，形成以下三个主要结论：

第一，数智时代"活"案例教育教学理念由两个相互支撑的教育价值思想构成：一是主张教育的价值是在教师与学生互动中学生自我认知与自我理解的过程；二是主张教育的价值不是把篮子装满，而是把灯点亮。因此，"活"案例教育教学理念本质上是一种学生-教师双核心的教育理念，强调学生在教学过程中的深度参与和主动创新，求真务实地改进教学设计和方法。

第二，在"活"案例教育教学理念指导下，数智时代教师的课堂教学需要进行适应性变革。基于"思政融入、科研引导、课堂革命、实践反思"四位一体的育人体系建设与完善，在教学实践中形成团队教学模式的创新，通过教育教学研究提炼、总结四位一体育人体系的特征和规律，形成落实"活"案例教育教学理念的工作思路和实施路径，使教育教学理念与课堂教学模式和方法相互融合。

第三，数智时代，课堂革命成为每个教师必须面对的教学改革问题。"活"案例教育教学理念和教学方法为教师自我革命提供了一种新的理念和新的模式方法，这种教育教学模式和方法主张通过改变教师来改变学生，同时通过改变学生来促进教师的自我认识和反思。此外，"活"案例教育教学强调产教研的深入融合，通过产教融合的课堂革命来提升产业界对教育界的认知，促进教育界对产业界的理解，从而弥补二者之间的认知偏差，更好地形成高校"人才供给结构"与产业"人才需求结构"之间的互动。

基于生成式AI的Python程序设计"活"案例教学

徐健[1] 姜明[2] 张婧[1] 徐恩亮[1] 宋肖肖[2]

（1.东北财经大学数据科学与人工智能学院
2.东北财经大学智慧校园建设中心）

一、案例建设背景及意义

首先，当今时代，数字技术的浪潮以前所未有的速度席卷而来，人工智能的蓬勃发展更是为我们描绘了一幅未来教育的宏伟蓝图。站在这个历史与未来的交汇点上，高等教育正面临着前所未有的挑战与机遇。在人工智能时代，我们如何构建一个能够适应当代大学生学习行为特征的高效教育模式？如何将课堂教学与产业前沿实践有机结合？如何实现教师角色的转变，由知识传授者转变为能力培养者？这些都是我们必须面对和解决的问题。人工智能不仅是一项技术革新，更是教育理念的深刻变革。从知识获取方式的转变，到学习行为模式的重塑，再到教育评价体系的重构，高等教育工作者应当"准确识变、科学应变、主动求变"，积极拥抱人工智能时代高等教育的新需求，探索符合新时代特征的教学解决方案。

以程序设计类课程为例，对于初学编程的学生来说，如果基础阶段未能扎实掌握编程的基本技巧，未能有效激发他们的学习兴趣，那么后续的进阶学习将如同"无源之水、无本之木"。遗憾的是，传统教学方式在此方面暴露出了明显的局限性，如图1所示。学生往往在初步接触编程时便遭遇难关。若基础不牢，后续学习将举步维艰。针对这一问题，我们反思并提出，能否在学生学习过程中及时解决问题，避免积累成难以逾越的障碍。课堂上，我们尝试增加练习时间，鼓励学生与教师互动。但由于课堂时间有限，教师往往只能针对个别学生的疑问进行解答，这种"一对一"或"一对少"的模式，不仅难以覆盖全体学生的需求，更难以实现个性化的教学支持。此外，部分学生因性格或其他原因，不愿主动交流，这无疑阻碍了他们的学习进程。另外，当学生在课后独立实践遭遇难题时，往往得不到及时的帮助，这不仅阻碍了他们的学习步伐，更可能消磨掉他们对编程的热情与好奇。

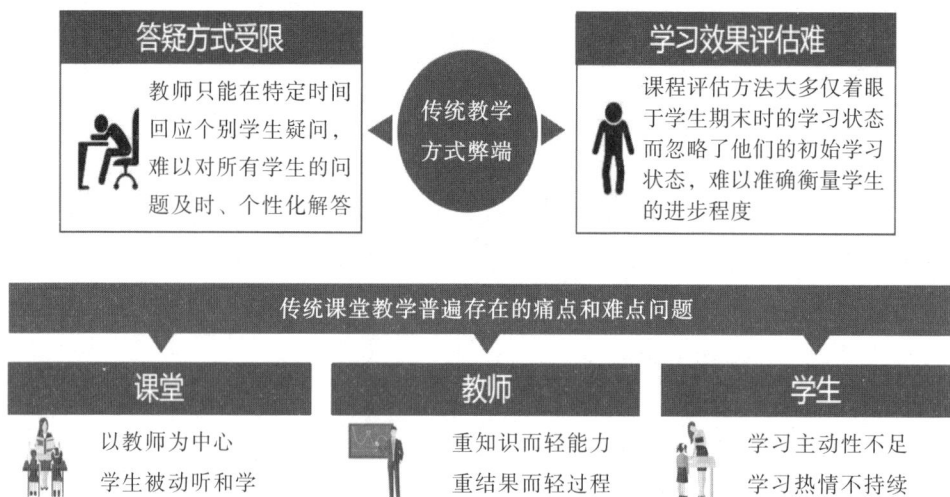

图1　传统教学方式的痛点和难点

　　其次，除了教学答疑的瓶颈问题，目前学生学习效果评估方式也具有一定的片面性。传统评估体系往往过分倚重于期末的考试成绩，却忽略了学生从开始到结束这一过程中的成长与变化。这样的评价方式既无法全面反映学生的真实进步，也无法为教师提供精准的教学反馈。现行的教学评估方式，尤其是以试卷为主的考核方式，往往忽视了学生的学习过程，导致部分学生通过死记硬背或应试技巧取得高分，而未能真正掌握编程知识与方法。

　　最后，传统课堂互动性不足，课堂往往以教师为中心，学生被动听讲，缺乏互动和参与感。教师在教学过程中重知识传授、轻能力培养，重视结果、忽视过程。这种"填鸭式"的教学方式，虽然能在短时间内传授知识，却难以培养学生的主动学习能力、问题解决能力和创新思维。当学生习惯于被动接受而非主动探索时，他们的学习热情便难以长久维持。

针对上述问题，我们提出了基于生成式 AI 助教的"活"案例教学方法。"活"案例教学模式的教育理念源自苏黎世联邦理工学院和加州理工学院对学生创新设计的教育理念，它通过对已有研究对象创新性再设计的思维方式训练，提高学生对现实对象的直观感知和解决问题的操作能力。基于生成式 AI 助教的"活"案例教学方法不仅将产业实践中的实际需求和问题引入课堂教学，而且运用生成式 AI 助教的个性化学习支持、知识讲解与引导等能力，构建了"师-生-机"三元交互式教学方法，打造满足人工智能时代高等教育需求的新课堂。接下来，我们将以 Python 程序设计课程为例，对其进行详细阐述。

二、"活"案例教学模式设计

探索利用生成式 AI 助教辅助 Python 程序设计教学，旨在了解学生在学习过程中遇到的实际问题、解决方式及提问情况，从而动态评估其学习进展。同时，可以更精准地把握学生的学习状态，为个性化教学提供依据。通过深入企业，了解真实的生产和管理流程，可以让专业课程更加贴近实践，与社会需求接轨，进而显著提升学生的学习动力与成效。为此，我们与企业进行了紧密合作，获取其在数据分析、程序设计等方面的实际需求，将这些真实任务融入课程，让学生在解决问题的过程中感受到学习的价值与乐趣。同时，这也促进了我们教学内容的更新与优化，使其更加贴近行业前沿。通过将产业界的实际案例融入课程中，我们构建了"师-生-机"三元的智能交互教学模式。

基于生成式 AI 的"活"案例教学方法能够有效推动课堂教学革命，变"以教为主"为"以学为主"，通过巧妙融入"活"案例，并结合"师-生-机"这一三元互动教学模式，为学生搭建了自主学习的广阔舞台，有效激发了学生的高阶思维与创新能力，让教学真正围绕学生的需求与潜能展开。这一方法以技术创新为引擎，重塑了教育教学的形态。智慧课堂的构建响应了学生对于自主学习、自主管理和自主服务的迫切需求，提升了课堂效率和教学效果，满足了新时代学生多样化的学习需求。另外，这种教学模式的引入，能够有效赋能学科"数智+"升级，支持教学改革项目及教学成果申报，推动一流课程建设，提升教学质量和效果。"活"案例教学模式设计框架如图2所示。

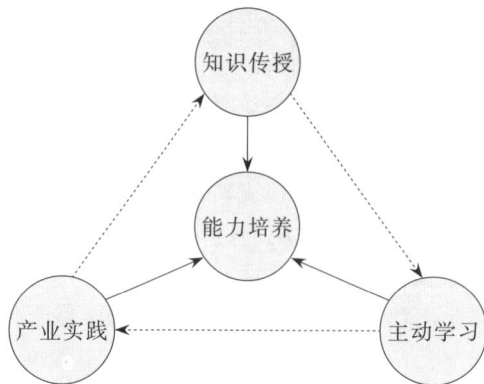

图2 "活"案例教学模式设计框架

"活"案例教学模式的设计主要涵盖四点关键要素。

（一）贴近产业实践的"活"案例选择

首要之务，是精选贴近产业实践的"活"案例。这些案例跳脱于传统教材框架，源自企业真实世界的研发项目，更加生动和新颖，运用到的知识更加体系化，能够更全面地反映技术的实际应用场景和复杂性。以 Python 程序设计课程为例，课本例题较为基础，难以触及实际生产中的复杂挑战与综合要求。我们依托产教融合合作企业，以实际开展的研发项目为样本，综合考虑案例的代表性、难度适中性、可教性以及与学生的专业背景和兴趣点的契合度，筛选适合教学的案例，进行必要的重构和设计，形成教学案例库。我们构建的教学案例库，是一个动态演进的知识宝库。它不仅是对现有案例的集大成，更是对未来技术趋势的敏锐捕捉。教师应与企业界保持紧密沟通，确保第一时间洞悉行业动态与项目进展，将最前沿的技术案例引入课堂。同时，建立一套科学的评估与反馈机制，根据教学效果及学生反馈，持续优化案例内容，确保案例库既前沿又实用，始终与市场需求同频共振。案例的构建依托实际有开发需求的项目，综合考虑案例的代表性和难度并不断更新迭代，以选择更适合学生的任务。在案例设计过程中，我们注重任务的层次性和推进性，希望既能让学生乐于接受挑战，又不会感到过于困难。

（二）运用"活"案例的教学任务与内容革新

围绕选定的产业实践"活"案例，设计一系列具有层次性和递进性的教学任务，有针对性地开展知识点和能力点教学的创新性再设计，将枯燥的理论知识巧妙融入生动的实践情境之中。这是一场从知识传授到问题解决的深刻转变，通过引导学生分析案例、提出问题、设计方案、实施实验和评估结果，使学生在实践中理解和掌握 Python 程序设计的概念和技能，提高学生对现实需求与问题的直观感知和实操能力。

（三）"师-生-机"三元配合教学方案设定

基于生成式 AI 的 Python 程序设计"活"案例教学利用生成式 AI 的能力，包括自然语言处理、代码生成、智能推荐等，推动教学模式从传统的"师-生"二元结构转变为"师-生-机"三方互动。AI 助教作为这一新型教学生态中的关键角色，不仅扮演着教师与学生间的桥梁，更以其独特的智能优势，实现教学内容的精准推送、学习过程的即时辅导以及学习路径的个性化定制。这一转变，让每位学生的学习体验都更加高效、深入且富有个性。在这种教学方案中，我们充分考虑了教师、学生和 AI 助教三方角色的配合与相互促进作用，形成了一套高效、协同、个性化的教学方案。AI 助教能够帮助学生解决问题，促进师生互动，提升教学效果。

（四）教学成果评估与解决方案迭代

依托产业实践"活"案例和"师-生-机"三元教学模式，构建新型的教学成果评估体系。一方面，依托 AI 助教的学习反馈，为教师精准把握学情提供智能视角；另一方面，运用多样化的考核方式，如将学生"纸上谈兵"的学习成果放到企业现实情境和实际问题中进行检验和评估，为学生提供实践检验、校正和完善的机会。教师作为案例教学的实施者，应对整个教学过程不断复盘和总结，并邀请企业专家提供指导，以获取外部视角和宝贵经验。我们注重与企业专家的沟通合作，共同为课程提供数据支持和任务指导，以优化和完善我们的教学模式。同时为教学提供外部视角和宝贵建议，实现教学案例解决方案的迭代升级。

三、案例教学组织与开展

以 Python 程序设计课程为例，基于生成式 AI 的"活"案例教学组织开展过程通常包含教学目标与任务设计、基于生成式 AI 的智能助教建设、教学准备与导入、课堂讲解、"活"案例的融入、实践实训、学习效果评估、教学总结等阶段。

在教学目标与任务设计阶段，我们依据学生的基础水平和训练目标，围绕选定的产业实践"活"案例，设计一系列具有层次性和递进性的教学任务。基础层次聚焦于夯实基础知识，学生借助AI助教进行基础知识学习训练，进一步巩固课程相关的概念及核心知识点，深化对基本概念的理解。在进阶层次，学生学习Python常用函数及方法的基础语法、参数解读等内容，在AI助教的指导下实现常用函数及方法的实践练习。拓展层次则是在掌握基础语法等后，结合"活"案例内容开展实践实训，鼓励学生将所学知识付诸实践，解决真实世界中的复杂问题，进一步提升学生的综合能力。

在基于生成式AI的智能助教建设阶段，基于ChatGLM3大语言模型，结合Python程序设计教材内容，构建了AI助教"小智"，全面覆盖了Python语言语法规则、数据结构等核心知识体系，如图3所示。"小智"拥有AI助教和Python编程助手两种模式，能够实时、全方位、智能地为学生提供个性化助教服务，助力课程学习提质增效。面对学生提出的疑问，"小智"能够迅速给出精准解答与深入指导，助力学生轻松跨越知识障碍，深化理解。通过分析学生的学习轨迹与表现，"小智"能够辅助进行学习效果评估，帮助教师获得学生学习情况的全面视图，及时调整教学策略，实现因材施教。此外，根据学生的学习需求和提问，它可以辅助构建个性化的知识库，推送针对性的学习资源。如图4所示，AI助教"小智"可以提供课程考核要求、知识要点的讲解。图5是"小智"根据章节知识设计编程练习题目。图6是"小智"提供程序设计思路及代码。

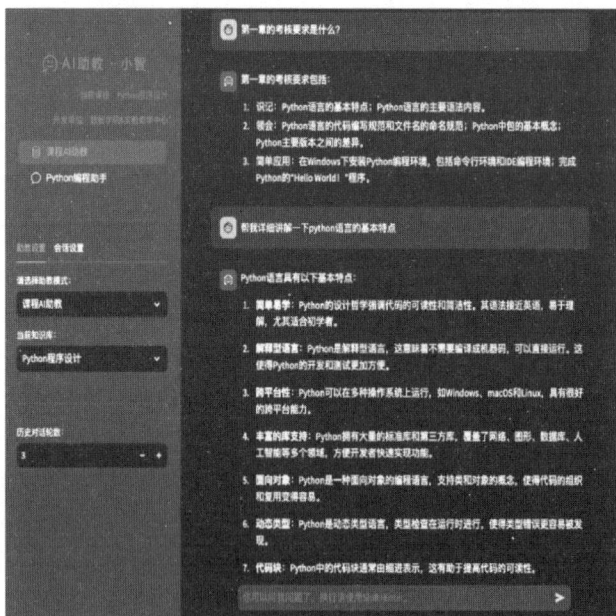

图3　AI助教"小智"

图4　"小智"对考核要求和知识要点的讲解

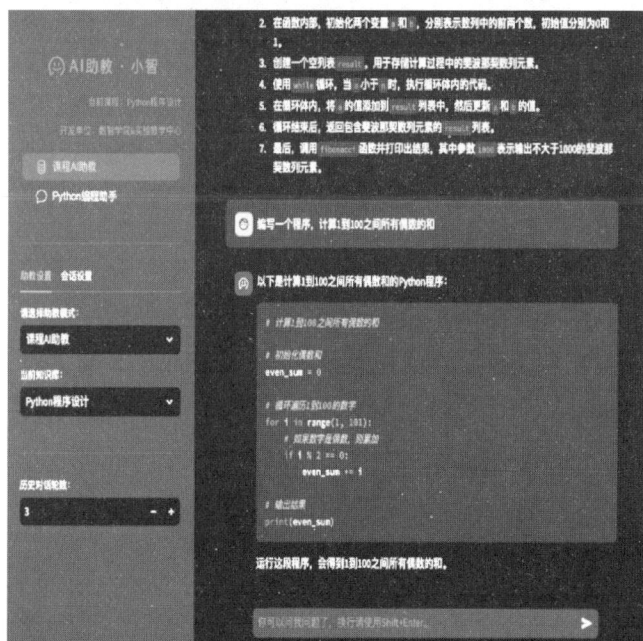

图5　"小智"根据章节知识设计编程练习题目

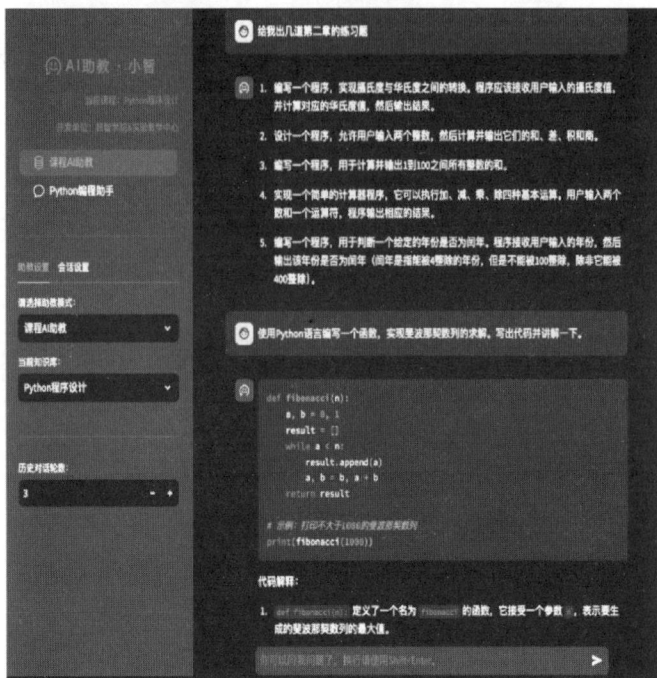

图6 "小智"提供程序设计思路及代码

在教学准备与导入阶段，教师对企业案例开展调查研究，整合企业资源，选取与教学任务契合的产业实践案例。同时，教师基于建设好的AI助教系统进行功能及使用方法的教学演示，学生进行实操练习。另外，教师需要预先根据理论知识要求及产业实践案例内容，进行实训任务设计，根据学生的基础层次和行为特征进行个性化学习路径规划。

在课堂讲解与实践实训阶段，AI助教作为辅助教员精准补位，辅助学生进行课程预习、答疑及课后复习。教师结合"活"案例进行理论与方法讲授，将企业案例内容成果与传统理论知识进行相互印照，帮助学生快速掌握课程重点。学生在教师及AI助教的指导帮助下进行实验实训。教师会根据学生的学习情况进行教学调整，特别是针对不同层次的学生群体。例如，专业班的学生具备强大的学习能力，那么我们会分配更多样化、难度更高的案例任务；而对于普遍面向所有专业的学生的课程，我们则更注重让学生扎实掌握基础知识。另外，可以引入优秀企业指导教师进行产业最新发展动态及经验讲解，指导学生优化学习与实验成果。

在学习效果评估阶段，通过分析学生的提问，AI助教可在一定程度上评估其学习效果，助力教师把握学情。另外，基于产教融合的"活"案例教学模式强调对"活"案例企业正在实施的管理活动进行设计或创新性探索。因此，在学习效果评估阶段，我们采用多节点、多样化的考核评估方式，以及知识与能力提升并重的考核标准，运用PDCA（计划、执行、检查、纠正）质量控制方法对学生的"活"案例实训成果进行持续优化和动态改进。

在教学总结阶段需要注意以下几个方面：第一，需要保证企业案例库的动态更新与丰富，确保每一案例都能紧贴行业前沿，为学生提供最鲜活、最具价值的实践素材；第二，AI助教系统需要持续升级，不断完善其功能与服务，进一步提升学习体验与效果；第三，教学内容需要持续丰盈，紧跟产业发展趋势，将最新的技术成果、行业动态融入教学之中，使课程内容始终保持鲜活与前沿；第四，教学理论与方法需要持续革新，应当勇于探索、敢于尝试，不断引入新的教学模式，如项目式学习、翻转课堂等，稳步提升教学效果；第五，教学资源与师资团队的建设是支撑教学质量的基石。应当持续扩充教学资源，加强师资团队建设，提升教师的专业素养与教学能力，打造一支高素质、高水平的教师队伍。

四、总结与展望

基于生成式AI的Python程序设计"活"案例应用于东北财经大学"Python程序设计"通识课程，成效斐然。通过将产业实践"活"案例引入课堂，丰富了教学内容和形式，有效提升了学生解决实际问题的能力。而传统教学形式与AI助教的有机融合成功构建了一个创新、高效的教学环境，提供了独特的学习体验，激发了同学们的学习兴趣与热情。在2024全国高校程序设计教育大会上，本案例荣获全国高校程序设计类实训案例竞赛一等奖，并在东北财经大学、东北财经大学数据科学与人工智能学院官微上进行宣传推广。

我们相信，通过不断的探索和实践，高等教育将更加充满活力，更加贴近时代的需求，培养出适应未来发展的高素质人才。

产教融合模式下"活"案例教学的设计与探索

高慧颖

（北京理工大学）

引言

数字经济时代新商科教育越来越强调不仅仅是传授知识，更重要的是培养学生的综合能力，包括批判性思维、解决问题的能力和创新能力。同时，传统教学模式以教师为中心，而现代教学强调以学生为中心，注重学生的主动参与和自主学习。"活"案例教学通过真实案例引导学生进行深入分析和实践，鼓励学生自主探究与合作，正好契合了这一转变。开展"活"案例教学是实现我国新商科教学变革与创新的重要举措，也是在数智化新跃迁的时代背景下培养创新型、复合型专业人才的途径之一。

案例教学作为一种强调互动与实际应用的教学模式，不仅能激发学生的学习兴趣，还有助于培养学生解决实际问题的能力以及批判性思维和创新能力，已广泛应用于商科（宋耘，2018）、工科（刘举平和余为清，2019；殷朝晖和刘子涵，2021）和创业教育（何小姬，2024）等领域。也有文献专门探讨了案例教学在计算机（Zhou，2022）、供应链（Patrucco等，2023）等课程教学中的应用。

还有学者从教学案例开发框架模型的构建及其学理基础等方面展开研究（钱明辉等，2018；苏敬勤等，2021）。可以看出目前案例教学已展现出了显著的优势和广阔的应用前景，然而如何进一步探索产教融合模式下案例教学的应用，不断优化和创新教学模式，提高学生的学习效果和综合素质成为亟待研究的前沿课题。

案例教学模式创新始于对学生教育教学需求变化的分析。肖静华、谢康和吴瑶（2023）在分析新时代大学生情感与行为特征、产教融合机会与挑战的基础上提出并定义"活"案例的概念，探讨了商科"活"案例教学模式创新。"活"案例教学的"活"字主要体现在三个方面，即"鲜活"、"激活"和"灵活"。"鲜活"，即案例要来自企业真实场景；"激活"，即激发学生的内在动力；"灵活"，即教师在课程与实践中要灵活应对各种情况。

产教融合的时代背景下，在信息管理与信息系统本科专业的课程与综合实践中开展"活"案例教学，可以使学生达到既掌握管理信息系统理论知识与专业技能，又提高分析、解决问题的能力和创新能力的目的。本文结合北京理工大学信息管理与信息系统专业课程与实践环节"活"案例教学的实践，就"活"案例教学的目标与优势、"活"案例教学的设计与实施方法、"活"案例教学的挑战与应对等进行了思考与探索。

一、"活"案例教学的目标与优势

"活"案例教学是一种通过真实案例进行教学的方法，旨在让学生更深入地理解和运用所学知识。其案例来源于实际生活和企业实践，能为学生提供宝贵的实践经验。"活"案例教学的目标不仅在于培养学生分析问题的能力，更在于激发他们的创新思维和解决问题的能力。在数字经济时代的新商科教育背景下，应更加关注学生的内驱力培养和创新能力提升。"活"案例教学则强调培养学生内驱力，使得他们能从学习中找到乐趣、主动学习。

"活"案例教学具有真实性的特点，案例基于真实的事件或问题，提供真实的情境；"活"案例教学具有复杂性的特点，案例通常不只有一个"正确答案"，而是具备多面性和多种可能性；"活"案例教学具有互动性的特点，在案例教学中强调学生之间、学生与教师之间的互动和讨论；"活"案例教学具有应用性的特点，学生需要运用所学知识和技能来分析和解决案例中的问题。

"活"案例教学具有多方面的优势。首先，"活"案例教学可以增强学生的参与度和兴趣。在教学中真实案例往往具有较强的吸引力，能够激发学生的好奇心和求知欲。其次，"活"案例教学能够为学生提供现实世界的视角，通过真实案例使学生更好地理解理论知识与实际应用之间的关系。最后，"活"案例教学还能促进学生实际技能的发展。学生在案例分析过程中需要应用所学知识，因而能够有效提升实践能力。此外，"活"案例教学有利于培养学生的创新性思维和解决问题的能力。通过案例分析，学生需要进行多角度思考，更好地培养了其创新性和批判性思维。

二、"活"案例教学的设计与实施方法

与传统教学模式相比，在"活"案例教学中，教师应致力于将学生的知识转化为能力，注重学生的思维训练、知识构建和综合能力提升，其教学设计框架如图1所示。

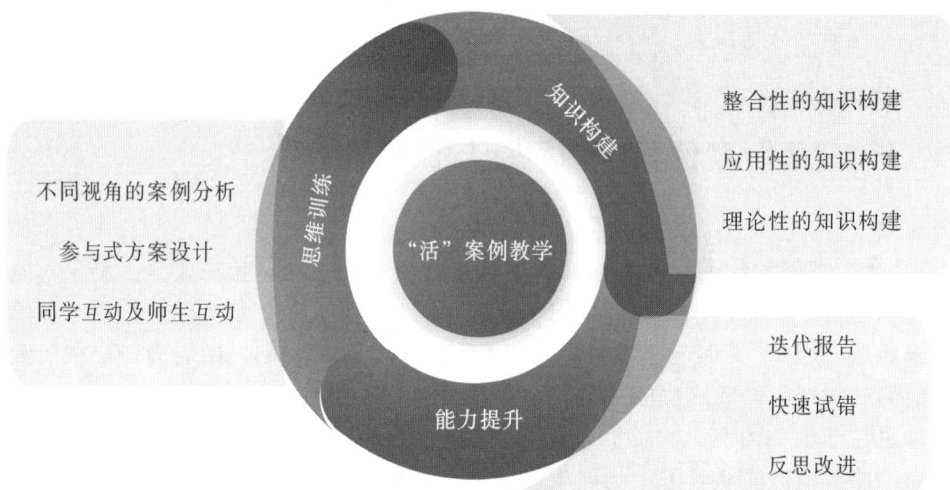

图1 "活"案例教学设计框架

"活"案例教学不仅能增强学生的学习兴趣，还能促进他们实际技能的发展，提供一种从现实世界的视角去分析和解决问题。"活"案例教学的成功实施离不开完整的教学设计，其步骤主要包括设置教学目标、选择合适的"活"案例、设计教学活动、制定评估标准、准备教学材料等，如图2所示。

以下将以管理信息系统分析与设计课程与综合实践环节中"活"案例教学的

实施为例进行阐述。

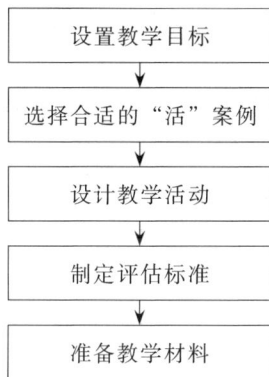

```
┌─────────────────────┐
│    设置教学目标      │
└─────────────────────┘
          ↓
┌─────────────────────┐
│  选择合适的"活"案例  │
└─────────────────────┘
          ↓
┌─────────────────────┐
│    设计教学活动      │
└─────────────────────┘
          ↓
┌─────────────────────┐
│    制定评估标准      │
└─────────────────────┘
          ↓
┌─────────────────────┐
│    准备教学材料      │
└─────────────────────┘
```

图2 "活"案例教学设计的主要步骤

（一）设置明确的教学目标

"活"案例教学需要根据课程或实践设置明确具体的教学目标，该目标应当是可衡量和可实现的。例如，可以是让学生理解某个概念，应用特定的技能，或是形成某些态度或价值观等。在管理信息系统分析与设计课程中"活"案例教学的目标为期望学生能够掌握信息系统需求分析、面向对象分析、面向对象设计的理论与方法，重点提升学生对管理信息系统的分析与设计能力，教学目标示例如表1所示。

表1　　　　管理信息系统分析与设计课程"活"案例教学目标示例

序号	教学目标
1	知悉和理解系统分析和系统设计的基本概念、信息系统建设的主要过程和方法
2	能够熟练地利用面向对象方法解决实际的信息系统的分析和设计问题
3	掌握系统分析和系统设计的相关技能、工具和方法，形成系统地分析问题、解决问题的思维
4	能够驾驭系统分析与设计相关理论知识，具备信息系统分析与设计能力和一定的创新能力

（二）选择合适的案例

根据教学目标选择合适的"活"案例是"活"案例教学实施中至关重要的一步。"活"案例的选择要从相关性、复杂性、时效性等方面综合考虑。相关性主要是指所选择的案例要与课程内容和教学目标高度相关；复杂性体现为案例应具有多方面的内容和一定的深度;时效性强调案例应与当前社会环境、企业需求和学生兴趣等紧密相关。这就要求在管理信息系统分析与设计课程"活"案例教学的设计中根据教学目标与企业紧密对接,筛选出最适合教学的"活"案例。在早期,我们使用学校图书馆系统作为教学案例,同时让学生专注于可控且易于理解的范围,例如To C端,也就是面向个人、客户、学生和老师的功能实现。借助熟悉的环境和场景,引导学生进行课堂讨论和分析,并在课程综合实践环节,需要学生完成并提交图书馆管理信息系统分析与设计报告。这样做的好处是范围明确,不会过于庞大。随着时代的发展,信息系统分析与设计"活"案例的选择也在不断变化,从传统的企业产、供、销、人、财、物等管理功能的开发转向支持决策的数据分析应用与商务智能的应用,例如电商平台客户端的开发、基于人工智能技术的图书馆系统的分析与设计、即时配送公司骑手奖励策略效果分析系统的开发、智能客服系统的分析与设计等。

(三)设计多样性的教学活动

围绕"活"案例教学可以设计多样性的教学活动,如讨论与分析、互动与参与、实践与应用等。通过小组讨论、角色扮演和模拟决策等方式,可以让学生深度参与案例分析;在互动与参与中可以鼓励学生提出问题、分享观点,增强课堂互动性;结合实践与应用,学生可以进一步理解和应用案例内容。在以上教学活动中,教师也要从单一的知识传授者转变为兼任教练的双重角色,从而引导学生更好地进行自主学习。

在管理信息系统分析与设计课程的"活"案例教学中,以4~6人为一个小组,围绕系统开发进行角色分工,如产品经理、项目经理、系统分析师、系统设计师、系统架构师、程序员等,每个小组完成一个实际系统的开发。在课程实践中,我们鼓励学生根据自己的特长进行分工合作,有的学生擅长需求分析,有的擅长设计,还有的擅长技术。因此,他们会在团队中扮演不同的角色。这种分工合作的方式能够充分发挥每个学生的优势,提高团队的整体效率,同时极大地锻炼了学生的团队沟通与协作能力。此外,我们还利用学校的信息化平台乐学系统进行课堂互动。学生们都非常积极地参与进来,按时完成任务并上传到平台。在课堂上,小组讨论非常活跃,学生们会使用草图或用软件设计模型等各种方式来展示自己的阶段性成果。

在课堂小组讨论中,学生先按照企业已有的信息系统重新进行分析与设计,接下来在小学期为期一个月的综合实践环节我们进一步指导学生针对已有系统用户的反馈展开研究,对系统功能进行改进与创新,之后我们组织学生深入到企业调研并进一步完善系统的分析与设计方案。产教融合模式下，我们非常重视"活"案例教学与企业实际的结合。我们与多家知名企业都建立了良好的合作关系，从而能够为学生提供实习基地和系统调研的机会。这些企业不仅为我们提供了实践的平台，还为学生提供了深度的交流和互动，帮助他们更好地理解现实中的问题和需求。

在课程综合实践环节中，我们要求学生围绕前期的课程内容进行系统开发，包括分析、设计、编程实现和文档编写等。学生需要运用所学的系统分析与设计方法、数据库、Python、Java、商务智能与数据分析等知识，完成一个实际系统的开发。为了确保项目的顺利进行，我们会把整个项目分解为多个阶段，在这个过程中，迭代报告是非常好的方法，一方面可以将"活"案例的复杂任务或不同的维度进行分解，另一方面可以让学生在试错中成长，逐步提升。在实施中我们将该课程"活"案例教学的工作内容划分为系统分析、系统设计、系统实施三个阶段，并设定了明确的时间节点和任务要求。在每个阶段结束时，都会进行迭代和修改，以确保项目的质量和进度。最终，学生需要进行答辩并提交完整的文档，由教师和企业专家给出指导意见，并进行综合评价。

（四）制定可衡量的评估标准

为保证"活"案例教学的效果，需要制定可衡量的评估标准。可以从学生对知识的掌握、对技能的应用以及学生的参与度与积极性等方面进行综合评估，以确保教学效果的可衡量性。管理信息系统分析与设计课程针对"活"案例教学的实施制定了考查的标准，主要分为系统需求分析与研究报告、系统分析报告、系统设计报告以及系统实施等部分分别进行评价。系统需求分析与研究报告占30%的分值，重点从功能的完整性和创新研究方面进行评价；系统分析报告占20%的分值，主要考查对系统分析方法的应用以及规范性；系统设计报告占30%的分值，主要考查对系统架构的总体设计以及对系统详细设计方法的应用；系统实施占20%的分值，重点考查对信息技术的综合应用，如数据库实现、编程等。同时小组汇报时采用教师与企业专家评价（3位教师、1~2位企业专家）、小组互评的方式。

（五）准备充分的教学材料

"活"案例教学并不是简单直接地开展实施，如针对某个案例仅讨论一次或去某个企业参观一下，而是需要深入地、迭代式地开展。因此，在实施"活"案例教学前准备充分的教学材料就显得至关重要。教学材料可以是案例背景资料，如提供详细的"活"案例背景信息，帮助学生更好更快地理解和分析。教学材料也可以是相关研究资料和数据，以支持学生的分析。还可以是相关数据分析的要求，让学生自主收集和调研数据。教学材料还包括所要讨论的重点问题和迭代指导的要点等，通过设计引导性问题和阶段性目标，帮助学生进行深度思考和讨论。

我们期望将学生培养为具有专业知识、具备解决实际问题能力和良好沟通协作能力的人才。在专业知识、解决问题的方法方面，我们已有的课程教学并不缺乏，但在数字经济时代新商科教育中更重要的是培养学生的思维能力、沟通能力、团队协作能力，以及让他们学会如何解决实际问题的能力和创新精神。这些综合的能力在产教融合模式下的"活"案例教学中通过思维训练、知识构建得到了很好的提升。希望通过"活"案例教学的深度实践，信息管理与信息系统专业教学实现技术与管理的融合，培养新时代创新型、复合型拔尖人才。

三、"活"案例教学实施中的挑战与应对

"活"案例教学在实践中也面临一些挑战。一是"活"案例教学的资源建设有一定难度。由于教师自身的校企合作有限，往往需要学院、学校层面提供更多的支撑，例如与校友企业建立合作关系，并激励双方的合作。二是"活"案例教学需要应对管理议题的复杂性。由于管理本身复杂性的存在以及可能涉及较大范围，有必要明确和界定选题范围，确保它们适合本科生的课程教学或实践环节。教师可以将复杂的管理问题拆解成多个部分，采用迭代的方式进行引导，为学生设定阶段性的任务，并在每个阶段完成相应的迭代工作。三是"活"案例教学中教师角色如何转变。传统教学模式中，教师主要关注如何讲好课程，传授理论知识，而"活"案例教学模式下，教师需要扮演双重角色，既是知识的传授者，又是教练，引导学生参与企业实践，让学生在试错中不断成长。四是如何通过"活"案例教学培养学生的综合能力，特别是内驱力和创新能力的提升。激励机制的设计对于激发学生的内驱力十分重要。比如，我们可以采用小组答辩和竞赛的方式来激励学生。在激励机制的设计上，还可以进一步加强与企业的合作，邀请更多企业家进入课堂对学生的小组汇报进行点评、与学生进行互动。

"活"案例教学作为一种创新的教学方法，通过引入真实案例，增强了学生的学习兴趣和实际应用能力。在教学设计和实施过程中，我们需要不断探索和总结经验，逐步完善这种教学方法。未来在课程中进一步利用AI工具如大模型来

辅助教学时,"活"案例教学活动的设计会更加丰富与便捷,在实践环节需要注重学生内驱力以及团队合作和问题解决能力培养,通过"活"案例让他们将所学知识应用于实际情境中。相信在未来的教育改革中,"活"案例教学将发挥越来越重要的作用。

参考文献

[1] 何小姬. 案例情景教学在经管类大学生创业教育中的应用与探索 [J]. 创新创业理论研究与实践, 2024, 7 (4): 154-157.

[2] 刘举平, 余为清. 案例教学法在工科类大学生教学应用中的特点及影响研究 [J]. 教育现代化, 2019 (44): 160-162.

[3] 钱明辉, 李天明, 舒诗雅, 等. 教学案例开发框架模型的构建及其应用 [J]. 管理案例研究与评论, 2018, 11 (2): 210-220.

[4] 宋耘. 哈佛商学院"案例教学"的教学设计与组织实施 [J]. 高教探索, 2018 (7): 43-47.

[5] 苏敬勤, 王娜, 高昕, 等. 案例学的构建——学理基础与现实可行性 [J]. 管理世界, 2021, 37 (9): 207-214.

[6] 肖静华, 谢康, 吴瑶. 基于产教融合的商科"活"案例教学模式 [J]. 管理案例研究与评论, 2023, 16 (6): 819-828.

[7] 殷朝晖, 刘子涵. 知识管理视域下新工科人才培养模式研究 [J]. 高校教育管理, 2021, 15 (3): 83-91.

[8] ZHOU D.Case teaching research based on college computer foundation [J]. International Journal of Social Science and Education Research, 2022, 5 (9): 538-541.

[9] PATRUCCO A S, SCHOENHERR T, MORETTO A.The value of data-driven category management: A case for teaching data analytics to purchasing and supply management students [J]. Transportation Journal (Pennsylvania State University Press), 2023, 62 (4): 427-457.

大模型应用于"活"案例教学的设计与探索

贾琳[1] 于波[1, 2]

(1.北京理工大学管理学院 2.内蒙古工业大学教务处)

一、教学思考

习近平总书记在有关教育的论述中提出的"培养什么人，怎样培养人，为谁培养人"的根本问题是对教育本质的深刻洞察，也是指导广大教育工作者的行动纲领。徐特立先生提出的"教育、科研、经济"三位一体的育人理念，为如何培养适应社会发展需求的高素质人才提供了宝贵的启示。作为高校教师，肩负着传授知识、启迪智慧、塑造灵魂的崇高使命，必须紧跟时代步伐，创新教学模式以适应国家战略和社会经济发展。为此，要把培养学生适应社会发展的能力作为教学的核心目标，以培养"高素质人才"为宗旨。同时，要把"教育为了一切人的发展"这一理念贯穿到教育教学的全过程。

电子商务领域变革日新月异，高校对电子商务等商科教学也需随之发展变化，传统教学模式已难以适应当今社会发展需求。传统教学模式以教师单向讲授、学生被动接受知识为主，这种模式虽有助于学生系统地学习相关知识，但难以有效调动学生的学习兴趣和主动性，所培养的学生由于缺少实践经验也难以适应当前复杂多变的商业环境。B2B、C2C、B2C 等电子商务概念，如果仅停留在理论层面，学生很难将其与实际应用相结合，更难以深入理解其背后的商业逻辑和运营策略。因此，在传承传统教学模式优势的基础上，还需积极探索更加高效、实践性更强的教学模式。

案例教学是商科教学的主流方法，以案例教学法为代表的商科情境式教学模式得到了高校商学院的一致认可和广泛应用，不仅有效解决了传统教学模式中理论与实践相脱节的问题，而且通过真实或模拟的情境可以激发学生学习兴趣，提升学生发现问题、分析问题、解决问题的能力（Navarro，2008）。目前已有众多学者对案例教学进行了深入的探索与实践。苏敬勤等（2021）结合我国案例发展的实际与时代发展需求，提出了构建案例学的必要性和可行性。宋华和潘璇（2023）对我国管理学科案例教学的研究现状及支撑教学案例的理论基础进行了分析探索，构建了学生、教师、管理者等多元主体共同参与的案例学习共同体。肖静华（2023）在分析新时代大学生情感与行为特征、产教融合机会与挑战的基础上，提出并定义"活"案例的概念，探讨商科"活"案例教学模式创新。张璐等（2024）对案例行动学习法的内涵、价值逻辑及推广路径进行了深入的研究。徐升等（2024）探讨了大语言模型在个性化学习中的潜力和影响，揭示了生成式人工智能如何革新个性化学习方式。刘明等（2023）探讨了当前大语言模型教育应用的现实挑战与未来发展趋势，为教学与教育智能化数字化转型提供了新思路、新方法与可持续发展路径。

"人工智能+行动"的提出为电子商务等商科教学提供了新的方向。大语言模型拥有强大的功能，可为学生搭建企业运营真实场景，学生身临其境感受生产经营过程，利用课堂所学知识、理论，来解决现实工作中遇到的问题，同时借助大语言模型实现方案的实施落地，能够真正实现"活"案例教学。因此，本文将大语言模型与"活"案例教学相结合，探究改变教学方式情况下学生学习效果的变化。

二、"活"案例教学探索

为突破传统教学模式限制，本文将围绕"活"案例教学模式展开深入的探讨与实践。"活"案例教学模式的核心是"活"，即强调以鲜活的案例带动教学的开展，以"活"带"动"，以"活"促"学"。

数智时代新经管与"活"案例教育教学

（一）"活"案例教学模式探索过程

"活"案例教学模式探索过程如图1所示。

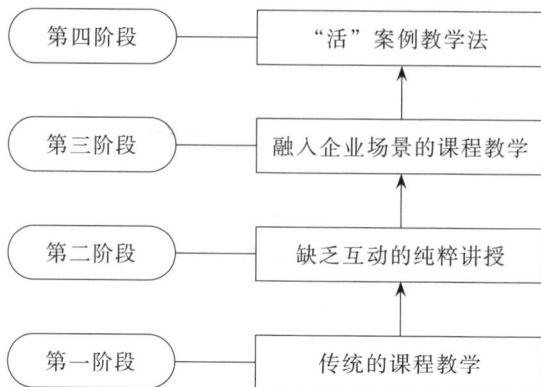

图1 "活"案例教学模式探索过程

1.第一阶段：传统的课程教学

传统的教学模式是教师向学生讲授知识，学生被动接受知识，知识在教师与学生之间单向传递。这种教学模式虽然有助于学生对一门课程进行系统的学习，但由于学生缺少主动性和参与感，对所接收到的知识往往很难真正理解，因此在教学中需要重视学生的主动参与。

2.第二阶段：缺乏互动的纯粹讲授

为提高学生的参与度，在第二阶段的教学模式中鼓励学生主动寻找感兴趣的内容拓展学习，将学习的主动权交给学生。但这一模式缺少师生的双向交流反馈，容易导致学生迷茫或无所适从，教学效果并不理想。

3.第三阶段：融入企业场景的课程教学

随着互联网的发展，有越来越多的企业案例可供参考学习，为提高学生对企业运营过程的理解及实践能力，教师将企业运营场景融入课程教学。这一教学模式，是通过模拟企业运营环境、组织小组讨论和案例分析等方式，加强学生之间的互动和探讨。在这一教学模式下，学生对企业经营有了初步的认识，但由于缺少对企业经营过程的真实感受，难以对知识有更加深刻的理解和感悟。

4.第四阶段："活"案例教学法

在总结前三种教学模式经验的基础上，一些教师尝试引入"活"案例教学法。这一教学模式的核心在于"活"的案例，"活"的教学，"活"的指导，通过搭建企业真实案例场景，引导学生主动探索学习。在这一教学模式中，教师不再是知识的传授者，学生也不再是被动的接受者。教师带领学生进入真实企业经营场景，引导学生发现问题，学生在发现问题的过程中，主动学习知识，进而分析、解决问题。这一过程中，师生双向交流、互相学习，不仅激发了学生的学习兴趣和主动性，提高学生的实践能力和创新能力，而且提升了教师的教学水平。

（二）"活"案例教学应用探索

在教育领域，理论与实践的结合一直是提升教学质量、激发学生潜能的关键所在。随着信息技术的飞速发展和教学理念的不断创新，"活"案例教学作为一种高效的教学模式，正逐步成为推动高等教育改革的重要力量。在初步探索阶段取得显著成效的基础上，我们进一步将这一模式深化拓展，特别是在"电子商务与互联网营销"和"电子商务与大数据"这两门前沿且实践性较强的课程中，进行了更为深入和多元化的尝试。

1．"活"案例教学在"电子商务与互联网营销"中的深化应用

在"电子商务与互联网营销"课程中，教师不再局限于传统的课堂讲授与案例分析，而是构建了一个从理论到实践、再从实践反哺理论的闭环学习体系。教师精心设计包含选题列表、学生开题、过程指导、数据收集、数据分析、报告撰写、竞赛参与、论文发表及课程内容反哺在内的全方位教学模式。这一模式极大地激发学生的主动性和创造性，学生不再是被动的知识接受者，而是成为主动探索者和问题解决者。

在参与企业真实项目的策划与执行过程中，学生不仅对 SEO 优化、社会化媒体营销、内容营销等互联网营销的基本理论框架有了清晰理解，更对企业真实运营问题的解决有了实战体会。在竞赛活动和社会调查项目中，学生面对的是复杂多变的市场环境和客户需求，这就要求学生不断挑战自我、积极创新、探索寻求解决方案。通过这种教学模式的改变，学生参与科研的热情大为高涨，发表学术论文两篇，社会调研项目获奖一项。这些成果既是对学生付出的认可，也是对"活"案例教学法成效的有力证明。

2．"活"案例教学在"电子商务与大数据"中的创新实践

在"电子商务与大数据"课程中，引入了真实企业需求场景——百威无醇啤酒社交媒体营销策划。这一案例不仅贴近行业前沿，而且具有可实践性和挑战性。教师要求学生从用户画像构建、市场趋势分析、竞品研究等多个维度出发，利用大数据技术和大语言模型等先进工具进行深入的数据挖掘和分析。

在学习过程中，学生通过调查问卷的方式获得用户需求数据，并对获得的数据进行清洗、处理，并最终建模，使学生深刻体会到大数据在电子商务领域中的巨大潜力和应用价值。同时，结合市场营销相关理论，设计出既符合品牌调性又能够吸引目标消费群体的营销策略（如图2、图3所示）。这种跨学科的融合不仅拓宽了学生的视野，也促进了学生综合素质的提升。

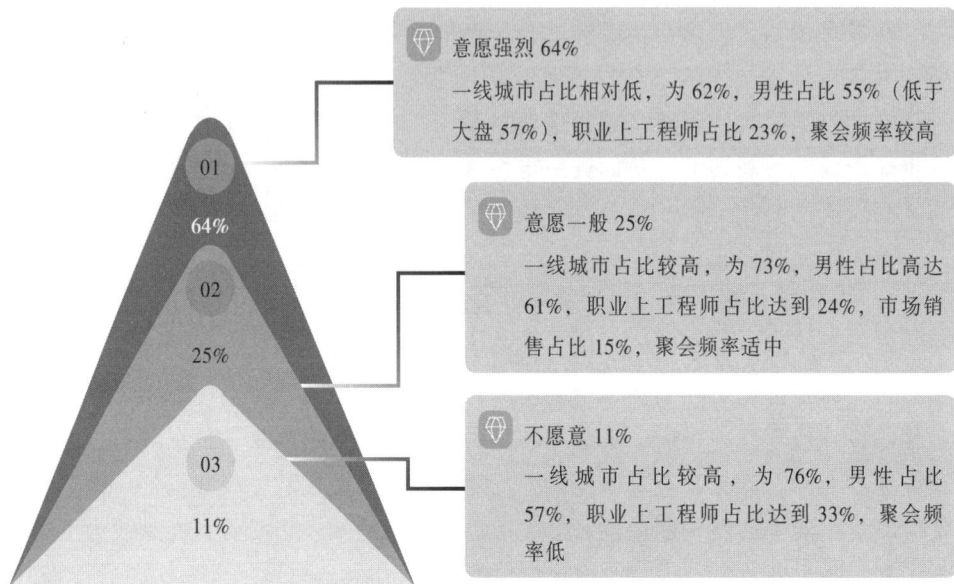

意愿强烈 64%

一线城市占比相对低，为62%，男性占比55%（低于大盘57%），职业上工程师占比23%，聚会频率较高

意愿一般 25%

一线城市占比较高，为73%，男性占比高达61%，职业上工程师占比达到24%，市场销售占比15%，聚会频率适中

不愿意 11%

一线城市占比较高，为76%，男性占比57%，职业上工程师占比达到33%，聚会频率低

图2 购买百威无醇啤酒意愿分析图

图3 百威无醇啤酒瓶身设计图

最终，学生提交的营销策划方案不仅展现出高度可行性和创新性，并且获得企业的高度评价。学生在学习实践的过程中，既深化对大数据和电子商务营销的理解，还感受到真实企业所处的市场环境复杂多变，需不断寻求机遇、应对挑战。

"活"案例教学模式不仅为学生提供了丰富的学习资源，而且为学生提供了理论与实践相结合的机会，有助于学生综合素质的全面提升。随着教育教学改革的不断深入和信息技术的不断发展，"活"案例教学模式也将不断发展，为学生提供广泛的学习机会。

三、大语言模型与"活"案例教学设计

当今社会，商业环境复杂多变，学校对学生的培养不能仅关注其知识的掌握，更应关注其能力的提升，以应对快速发展中的经济社会变化。"活"案例教学模式在一定程度上能帮助学生了解企业、熟悉真实企业经营场景，但也受教师经验及企业资源的影响，有一定的局限性，缺少学生、教师、企业的深度互动与及时反馈。大语言模型的引入，能很好地解决这一问题，不仅可打破传统教学壁垒，实现校企联结，更可拓宽学生实践的渠道，实现知识与实践的完美结合。

（一）教学准备：构建全方位支持体系

1.培养AIGC时代的教师

大语言模型+"活"案例教学模式的关键在于大语言模型，因此，教师对大语言模型的掌握程度直接影响到该教学模式的教学效果。因此，首先要培养一支能够熟练运用AIGC（Artificial Intelligence Generated Content，人工智能生成内容）技术的教师队伍。随着信息技术的变革，教师不光要有扎实的专业知识，同时要能熟练掌握AIGC工具的应用技巧，如自然语言处理、图像识别与生成、数据分析等。学校可定期组织教师培训，邀请行业专家分享最新技术动态，提升教师的技术素养和教学能力，确保教师能够在课堂上灵活运用大语言模型，引导学生探索未知。

2.搭建多功能教学平台

大语言模型+"活"案例教学平台的开发，是教学模式创新的关键一步。针对目前教学研究需求，已初步搭建大语言模型+"活"案例教学平台（如图4

所示），该平台不仅是一个内容生成工具，更是一个集教学、实践、交流于一体的综合性平台。它支持学生利用大语言模型快速生成图片、文本、LOGO 等设计元素，同时提供包装设计、文本生成、视频生成和客户管理等全方位功能。这些功能满足学生创意表达的需求，也能提供模拟真实商业环境的机会。随着研究的深入，该平台还将不断迭代升级，引入更多前沿技术和功能，以适应教学需求的变化。

图4　大语言模型+"活"案例教学平台

3.建立紧密的校企合作机制

企业作为"活"案例教学的核心参与者，其直接参与程度直接影响到教学效果。长期稳定的合作企业是"活"案例教学模式的成功关键。学校可与企业签订合作协议，明确双方的权利与义务，确保企业能够定期分享其面临的真实问题，为学生提供实践机会；同时，企业也能从学生的创意方案中获益，实现双赢；此外，还可以邀请企业专家担任客座讲师或导师，为学生提供更专业的指导和建议。

（二）教学内容：理论与实践深度融合

1.AIGC技术的课堂讲授

在课程前期，教师需讲授一定的 AIGC 技术知识，如 AIGC 技术的基本原理、应用场景及发展趋势等，并通过案例分析、具体演示等方式，帮助学生建立对 AIGC 技术的直观认识，掌握其基本操作方法。这一过程，既有助于后续"活"

案例的推进，又有助于学生后续自主学习探索。

2.企业问题的真实引入

教师邀请企业人员走进课堂，直接分享他们在实际工作中遇到的具有代表性的问题和挑战，同时提出解决问题的期望和要求。企业真实问题的引入，培养了学生分析问题、解决问题的能力。与企业人员的直接对话，提升了学生的沟通能力、表达能力，同时让学生感受到真实商业环境的压力和挑战。

3.学生利用大语言模型解决问题

在收到企业提出的需求后，学生利用所学知识及大语言模型工具对问题进行分析及方案设计。学生可以通过平台生成的设计元素来展示自己的创意和想法，也可以利用大语言模型进行数据分析、市场调研等。设计完成的方案也可通过大语言模型进行模拟，修正完善方案，使其满足企业需求。在这一过程中，学生既能充分发挥自己的主观能动性和创造力，也能注重团队合作和沟通协调能力的培养。

4.企业指导与反馈

企业配备的相关从业人员将作为评委对学生的方案进行打分和点评。他们不仅会从专业角度评估方案的可行性和创新性，还会提出具体的改进建议。这种反馈机制有助于学生及时发现问题并调整方案，提高方案的针对性和实用性。同时，企业人员的参与也让学生感受到了来自业界的认可和鼓励，增强学习动力和自信心。

5.方案调整与落地应用

学生设计提出的最终方案，还需根据企业实际生产需要进行调整和完善，确保其能够真正落地实施。这不仅为学生提供了宝贵的实践经验和社会资源积累的机会，也为企业的生产经营带来了实际效益和竞争力提升的可能。

（三）预期教学效果：多方共赢

1.学生方面

学生掌握 AIGC 技术的相关知识和应用技能，能够利用先进信息技术和专业知识解决实际问题，提升其创新能力、实践能力。同时，参与企业真实项目，积累实践经验，有助于未来职业发展。

2.教师方面

教师在教学过程中不断学习和探索新技术和新方法，不断提升自己的教学水平和专业素养。同时，通过与企业人员的交流和合作来拓宽自己的视野和思路，为教学创新提供更多的灵感和动力。

3.企业方面

企业通过与高校的合作，不仅能够获得更多灵感与创意，提升生产经营效率和竞争力，还能够借助高校科研平台来推动企业高效发展。

四、未来探索方向

在快速变化的数字时代，教育领域正经历着前所未有的变革，特别是随着人工智能技术的飞速发展，大语言模型（Large Language Models，LLMs）的崛起为教育创新提供了无限可能。以下三个未来探索方向，旨在通过推动企业深度融合、服务产业、助力乡村振兴，特别是通过深化大语言模型在教育领域的应用，以及探索其与脑科学的融合，打造"活"案例教学，进一步提升教学质量与效果。

（一）推动企业融合、服务产业、助力乡村振兴，打造真正的"活"案例教学

在乡村振兴战略的大背景下，产学研的深度融合成为有效发展乡村的关键路径之一。构建"大语言模型+'活'案例教学"平台，不仅能够促进企业与乡村品牌的直接对接，还能为学生提供真实的商业环境。该平台吸引各类乡村特色品牌入驻，通过数据分析和市场洞察，帮助企业提升品牌影响力、优化产品、扩大营销。同时，平台鼓励并组织学生参与志愿服务活动，如农产品电商推广、乡村旅游策划等，让学生在实践中学习，真正做到"学有所用"。这种"活"案例教学不仅能够提升学生的实践能力和创新思维，还能有效解决农产品出村进城"最先一公里"问题，扩大电子商务在农村的覆盖面，助力乡村振兴。

（二）探索大语言模型与脑科学的融合，提升教学可解释性与个性化

目前，大语言模型在教学中的应用已初显成效，但其对教学效果的可解释性仍是一个待解难题。为更深入地理解大语言模型如何影响学生的认知过程和学习成效，有必要将其与脑科学相融合。通过引入脑电设备、无线多通道生理记录系统、眼动仪等先进设备，实时追踪学生在学习过程中的生理变化，如脑电波活动、心率、瞳孔变化等。这些生理指标能够反映学生对不同教学内容的兴趣程度、认知负荷及注意力分配情况。基于这些数据，可以分析出影响学生学习效果的关键因素，并据此调整教学策略，实现更加个性化、更精准的教学。此外，这种跨学科融合还有助于揭示大语言模型影响学生认知的潜在机制，为教育技术的

进一步发展提供科学依据。

（三）探索大模型在课程建设中的深度应用，构建 Human in the Loop 的教学生态系统

为了充分发挥大语言模型在课程建设中的潜力，需构建一个以学生为中心、Human in the Loop（人类在循环中）的大模型+"活"案例教学模型（如图 5 所示）。这一模型强调人与技术的协同作用，通过循环迭代的方式不断优化教学流程。具体而言，学生利用大语言模型进行自主学习，大语言模型则根据学生的学习进度和反馈提供个性化的学习资源和支持。同时，教师也利用大语言模型辅助教学，获得关于学生学习情况的即时反馈，并据此调整教学策略。在教学结束后，大语言模型还会对学生的学习效果、教师的教学行为进行全面评价，为下一轮教学提供优化建议。这种教学模式不仅提高了教学效率和质量，还促进了师生之间的有效互动和共同成长，形成了一个动态、开放、可持续发展的教学生态系统。

图5　Human in the Loop 的大模型+" 活 "案例教学模型

参考文献

［1］苏敬勤，王娜，高昕，等．案例学的构建——学理基础与现实可行性［J］．管理世界，2021，37（9）：207-214.

［2］宋华，潘璇．新时代案例教学的理论基础及应用——基于本体论和建构主义视角［J］．管理案例研究与评论，2023，16（5）：658-667.

［3］肖静华，谢康，吴瑶．基于产教融合的商科"活"案例教学模式［J］．管理案例研究与评论，2023，16（6）：819-828.

［4］张璐，戈福利，崔敏杰，等．案例行动学习法：内涵、价值逻辑及推广路径［J］．管理案例研究与评论，2024，17（2）：333-342.

［5］徐升，佟佳睿，胡祥恩．下一代个性化学习：生成式人工智能增强智能辅导系统［J］．开放教育研究，2024，30（2）：13-22.

［6］刘明，吴忠明，廖剑，等．大语言模型的教育应用：原理、现状与挑战——从轻量级 BERT 到对话式 ChatGPT［J］．现代教育技术，2023，33（8）：19-28.

［7］NAVARRO P.The MBA core curricula of top-ranked US business schools：A study in failure？［J］．Academy of Management Learning and Education，2008，7（1）：108-123.

教育资源共享的虚拟教研室模式实践
——以"网络空间主权与网络安全法制建设"课程为例

齐佳音

（广州大学网络空间安全学院）

一、为什么要开设这门课？

网络安全专家方滨兴院士提出，网络空间安全人才培养有六个痛点。一是触及法律的高风险性，即网络空间安全专业学生学习的网络安全技术不仅可以用来防御网络黑客攻击，也可以用来非法攻击网络做出违法犯罪行为，因而具有触及法律的高风险性。二是安全保障的强技能性，也就是说网络空间安全人才不仅需要掌握理论知识，还必须具备实战能力，需要在网络攻防中学习知识和提升技术能力。三是攻防两端的不对称性，就是说黑客都是在暗处的，做网络防御实际上是被动的。由于互联网的天然不安全性，黑客要找到网络安全漏洞发起攻击是相对较容易的，但是要防御这些无时不在的网络攻击却是难度很大的。四是学术与实践的弱关联性，许多黑客并未发表过多少论文，甚至一篇也没有，但他们的实战能力极强。有的学生可以发表很好的学术成果，但是却不一定能够在实战中快速发现网络漏洞。五是宿主技术的后伴生性。技术发展总是先于安全问题而发展，安全问题总是在技术之后而产生。因此，安全研究始终落后于技术发展的步伐，只要技术在发展，安全就永远在路上。六是技能水平的难鉴别性，即学术与实践的弱关联性导致如何评估一个网络空间安全从业者的业务水平其实是比较难的，这就需要在教学中加强实训教学。

鉴于这些网络空间安全专业人才培养的痛点，在方滨兴院士的指导下，广州大学网络空间安全学院在成立之初便着重设计了网络空间安全专业人才的培养目标、课程体系和培养模式。"网络空间主权与网络安全法制建设"这门课就是根据网络空间安全专业人才培养的第一个痛点"触及法律的高风险性"，而在网络空间安全专业本科生一年级中所开设的一门必修课。

二、课程在广州大学的建设

广州大学网络空间安全专业的人才培养目标是"面向大湾区乃至全国社会发展需要，培养具有家国情怀、法律意识、职业道德和良好品德修养的专业人才"。根据本专业人才培养目标，结合这门课程的特点，设计了三方面课程教学目标：

知识目标：学生能够掌握网络空间主权、网络安全法律法规的理论体系与基本知识框架，熟悉并理解《中华人民共和国网络安全法》相应条款的内容。

能力目标：学生能够运用《中华人民共和国网络安全法》及相关法律法规分析违法案例，活学活用，以用促学。

价值目标：通过对本门课程的学习，能够培养学生的国家安全意识、网络治理的国际视野、网络安全的责任感以及网络技术研发的使命感，能够引导并提升学生维护国家网络空间主权意识，巩固和加强社会主义核心价值观，树立正确的网络安全职业道德观，做到知法、敬法、懂法和守法。

这门课程在广州大学有一支由院士领衔的教学团队。教育部网络空间安全一级学科召集人方滨兴院士亲自参与了课程设计，也亲自参与了课程授课。其他的课程授课教师有：姜誉教授，教育部学位中心专家，中国计算机学会杰出会员，国家重点研发计划重点专项课题负责人，获评广州大学本科课堂教学优秀奖一等奖、"课程思政优秀教师"、"师德标兵"、"优秀教师"等荣誉，承担该门课程网络安全法解读及相关法律制度建设的教学任务；齐佳音教授，国家级人才，国务院政府特殊津贴专家，国家级规划教材主编，荣获省级教学成果一等奖（牵头）及省级教学创新大赛一等奖，是课程主讲教师之一；另外还有张鹏教授、张帆教授、许嘉教授、吴联仁副教授等年轻有为的优秀教师。

通过科研教学协同、新老教师结对、课程群建设，形成了"传帮带"的模式；通过集体备课、相互听课、课后反思等多种形式，积极开展教学模式改革和实践，持续提升教学质量，取得良好效果。教学团队成员均在网络空间安全领域开展了高水平研究并承担国家级重大科研攻关项目，获得国家级科研成果多项，并不断将研究成果转化到课程教学中。教学团队承担了省级教学研究项目三项，著有本课程的国内第一本专著《论网络空间主权》。

经过数年建设，本课程荣获六项省级教学荣誉：于2020年、2021年和2023年三次入选广东省本科高校教学质量与教学改革工程建设项目，同时获评2021年广东省首批本科高校课程思政优秀案例、2022年度广东省高校课程思政示范课程、2022年度广东省线下一流本科课程。

三、虚拟教研室建设

（一）广州大学牵头整合虚拟教研室的优质资源

广州大学课程教学团队牵头组建课程虚拟教学团队，在于在课程的教学实践中形成了较为成熟的教学内容、教学方法和教学资源，这也是建设课程虚拟教研室的关键。

一是教学内容的创建，解决从无到有的问题。本课程是全国首创，没有先例可循，需要从无到有地解决课程知识能力体系构建、课程目标设定、资源体系配备、师资队伍搭建、考核评价创新等一系列基础教学建设工作。

二是教学方法的适配，解决从有到优的问题。网络空间安全专业不是法学专业，本课程教学不能简单照搬法学专业的教学方法，而是要结合网络空间安全专业的技术特性，重在增强学生的法律意识，做到知法、敬法、懂法和守法。因此在教学方面侧重于案例教学，通过案例教学（特别是"生讲师评"环节）使学生融会贯通地运用法律法规，明辨是非曲直。

三是教学资源的建设，解决线下到线上的问题。采用MOOC建设标准，与智慧树、新华网等平台合作，已制作37个共近400分钟的优质微视频，已于2023年8月上线MOOC平台。新华网课程主页为https：//xhsz.news.cn/curriculum/detail/1390，累计学习人数超过14 000人。

（二）虚拟教研室建设历程

牵头高校广州大学在政策、制度、资金、信息化等方面给予虚拟教研室大力支持和保障。在政策和制度方面，向新建的网络空间安全专业倾斜，包括发起成立省高校教学管理学会课程思政专委会等。在资金方面也给予大力支持，包括为校级课程建设项目、课程思政示范课程立项、线上资源建设、省级课程建设项目等提供了充足的资金支持。合作高校惠州学院积极支持虚拟教研室的建设及发展，于2021年6月发布《关于印发〈惠州学院基层教学组织建设实施指导意见（试行）〉的通知》（惠院发〔2021〕126号），通知中对制度保障、组织保障、条件保障、经费保障等相关内容进行了规定。另一合作高校广东外语外贸大学提供信息化平台和技术支持，帮助虚拟教研室进行教学管理和教学资源的共享。同时，也提供人才培养支持，帮助虚拟教研室的教师提升教学能力和专业水平。

虚拟教研室采取"以老带新"的方式培养教学梯队。结合本科年度招生情况，根据班级数量和教师实际情况，组织教师进行备课和授课。在广州大学，经过姜誉教授的"传帮带"，2023年秋季学期，齐佳音教授开始该课程本科授课，吴联仁副教授于2024年秋季开始该课程本科授课。在广东外语外贸大学，经过李月梅老师（即将退休）的"传帮带"，刘珍副教授担起了"网络空间安全管理与法律法规"的授课任务，并于2022年获评广东外语外贸大学课程思政示范课堂。在广东警官学院，经过法学院谭正江副教授的"传帮带"，张萍老师担起了"网络安全管理"（包含网络安全法律法规模块）的授课任务。

2018年，方滨兴院士发起并联合全国200多家高校和企事业单位成立了中国网络空间安全人才教育论坛。该论坛每年举办两次，一次在春季学期结束后的暑假期间，另一次在秋季学期结束后的每年1月份。此类会议不仅提供培训课程，还包括教学研讨。虚拟教研室也在中国网络空间安全人才教育论坛上组织开展专题研讨，各个学校介绍教学经验，共享教学资源，通过这种方式不断挖掘和优化课程内容以及教学方法。

2024年，虚拟教研室也在各个联合高校中开始线下课堂的教学观摩和切磋。2024年5月，惠州学院邀请广州大学的齐佳音教授和吴联仁副教授到该校的课堂上授课，之后两个学校的课程老师又进行了热烈的探讨。经过这次交流，虚拟教研室的成员之间增进了信任，面对面的交流也能将育人理念等讨论得更充分。同时，通过线下交流建立起更紧密的信任关系，大家对于虚拟教研室的建设目标和设定成果都能达到更好的共识。

2024年，课程教研室建设的目标是通过教学内容规划和教研室"传帮带"

的师资培养，提高团队教学能力，进一步在省内其他高校实现教学内容覆盖网络空间主权内容，以及网安违法案例分析、生讲师评教学方法的推广；完成面向网络安全人才培养的"网络空间安全法规教育"教学模式的构建项目研究并通过验收；完成本课程教学案例库建设，包含不少于30个网络安全违法真实案例分析的案例，并争取出版。同步进行教学研究论文的撰写和投稿，同时准备线上资源素材。

2025年，计划完成线上资源建设，把本课程打造成省内高校共建共享课程，并向线上线下混合一流课程目标迈进，在慕课平台开放课程。一方面向社会开放，为政府、企业等网络安全法律法规培训需求服务；另一方面向同类院校、职业技术学院相关专业开放，形成良好示范和辐射效应。同时，联系省外高校（北京邮电大学、哈尔滨工业大学等）进行教学计划和课程内容微调整，扩展虚拟教研室规模，为课程向省外高校推广做好准备。

2026年，计划组织课程师资培训和教学研究的交流活动，提高教师的教学水平和专业素养。通过研讨交流和"传帮带"，争取在省外至少1所高校完成示范课程推广。

四、体会和总结

在建设"网络空间主权与网络安全法制建设"课程广东省虚拟教研室的过程中，我们有以下几点体会和经验：

第一，牵头单位应该在课程方面形成成熟且优质的教学内容以及教学资源。广州大学"网络空间主权与网络安全法制建设"课程是由网络安全专家方滨兴院士亲自设计教学内容，亲自参与教学的。方滨兴院士组织团队编写我国第一部全面论述网络空间主权的专著《论网络空间主权》，高标准要求课程教学团队精心准备课程教学。在网络空间安全专业创新性和率先引入网络空间主权理论到教学内容中，增强学生对国家网络安全战略、网络安全法等内容的深入理解，培养了法律意识、国家安全意识和爱国主义情怀。此外，与时俱进地扩充教学内容，在《中华人民共和国网络安全法》的基础上，增加新颁布的《中华人民共和国数据安全法》《中华人民共和国个人信息保护法》等法律法规内容，引入了我国在人工智能应用领域的法律法规进展。教学内容不断更新，始终保持前沿性和时代性，既拓宽了学生视野，也提升了学习内容的挑战度。案例教学和生讲师评的教学方法，具有先进性、互动性、针对性和创新性。我们整理了上百个网络安全实际违法案例，覆盖《中华人民共和国网络安全法》的全部法律义务和责任条款，采用问题牵引、设问互动、生讲师评的授课方式，并自然融入课程思政教育，激发了学习兴趣，学生能够更好地理解和掌握相应法律条款，同时锻炼和提高分析和思辨能力，也加深了领悟和体会。别具一格的"生讲师评"契合了当代大学生勇于展示自我的特点，深受学生欢迎，将被动学习转化为主动学习，让课堂不再沉默，让课堂充满生机。这些高质量的教学内容和生动活泼的教学方法都是广州大学教学团队建设课程虚拟教研室的基础条件。

第二，线下教学交流很重要。尽管是虚拟教研室，但是若完全依靠线上交流互动是远远不够的。加入虚拟教研室的几个学校虽然都在广东，但是由于现在老师们任务都很多，要挤出共同的时间来开展线下活动也是不容易的，经过讨论，就不要求所有单位每次都参加，可以两两之间进行线下联合教学研讨，也可以多家联合开展线下教学研讨。经过这些线下活动，不同学校的老师们之间更加熟悉，个人关系也更加亲近，交流更加轻松，大家都愿意真实地呈现自己的长处和不足，确实达到了很好的效果。

第三，开放、共享精神对课程虚拟教研室的长期可持续发展十分重要。尽管广州大学网络空间安全学院在前期做了关于该课程的大量基础性工作，但是各个学校有各个学校的特色，学生培养的目标也各不相同，因而各个学校的老师在各自的教学中都有独具特色的教学调整，如惠州学院的学生培养更加注重实践性，因此他们的教学团队在这门课程的教学中就更加注重网络安全实践中的法律规范运用。依托省级课程虚拟教研室的平台，各个参与单位以开放的心态，结合各自人才目标，形成各自教学特色，共享各自特色内容，这是保障课程虚拟教研室达到预期目标的关键因素。

数智赋能，创新引领：财经高校实验教学管理数字化革新实践

宋肖肖　姜明

（东北财经大学智慧校园建设中心）

一、数字财经大学建设的目标导向

今天分享的主题是"数智赋能，创新引领：财经高校实验教学管理数字化革新实践"，围绕这一主题，我们将从东北财经大学"全力打造服务东北全面振兴国家战略的一流数字财经大学"这一建设目标导向出发，基于我们学校在实验教学、实验室建设以及实验教学管理领域的阶段性工作成果，探讨智慧实验室建设所应涵盖的关键要素。

当前，全球数字化发展与数字化转型不断加速，数字中国建设与我国加快发展新质生产力同频共振、协同发力，成为推动质量变革、效率变革、动力变革的重要引擎。在这一过程中，随着大数据与人工智能等技术的广泛普及与深入应用，财经领域的知识体系、工作模式及市场需求均发生了深刻的变化。高等财经教育正面临迫切的转型升级需求。教育部倡导的新文科建设，在我们学校具体体现为新经管建设工作的推进。相较于文史哲等传统学科，经管类专业因直接关联经济与管理活动，其受大数据和人工智能技术革命的影响更为显著。财经知识的快速迭代引发了知识获取方式、传授方式以及教与学关系的深

刻变革。因此，财经高校应当准确识变、科学应变、主动求变，全面拥抱数字经济新浪潮，积极进行教育改革创新，培养能够全面胜任数字时代要求的卓越财经人才。

2023 年，中国共产党东北财经大学第十次代表大会明确提出了建设一流数字财经大学的目标，此议题亦在众多财经大学中受到广泛关注。在数字新技术、新业态、新模式不断涌现的形势下，高等财经教育的内涵与外延产生了深刻的变化。这些新特征与新变化引发了教育理念与培养机制的革新，为财经高校"培育卓越财经人才，服务经济社会发展"的使命衍生出了新的注解。我们认为，数字财经大学的建设应当服务于国家数字经济发展战略，构建适应数字经济发展的学科体系及具备数字素养的卓越财经人才培养体系，通过财经学科的"数字+"升级和学科间的多元化交叉融合，加速财经教育现代化发展。同时，要将数智技术深度融入财经教育，实现教学模式的智能化、个性化与高效化转型，以及教育模式的持续创新与优化。进一步通过开展社会服务融入数字经济建设，通过打造数字经济智库、整合优质数字资源、提供数字服务等方式，服务区域经济发展。

二、数智赋能下的实验教学管理革新要素

聚焦于实验教学领域的数字化转型，我们进行了一系列梳理工作，发现存在实验教学资源分散、共享机制不畅、基础设施孤岛化及信息流通壁垒等问题。为此，我们提出信息集成、数据洞察、资源共享、系统互联和业务提效等核心策略，旨在对传统实验教学管理过程和方法进行全面革新。通过这些措施，我们致力于实现实验教学环境的全面数字化转型，强化业务数据的治理能力，进而提升实验教学的效率与质量，最终构建出一个更加高效、协同、智能的实验教学管理体系。

综合来讲，我们将数智赋能下的实验教学管理革新要素概括为四个方面：第一，实验教学管理组织模式的革新。遵循"共建、共享、统管、统维"的原则，打破资源壁垒，实现实验资源的优化配置与高效利用，为师生提供更加便捷、丰富的实验条件。第二，实验教学数字化环境的革新，包括新型基础设施、信息环境及管理环境的全面升级，旨在构建一个开放、智能的实验教学平台，为师生提供更加高效的学习体验。第三，实验教学业务协同机制的革新。建立实验教学业

务间的多元数字融合机制，促进实验教学业务间的无缝对接与高效协同，提升实验教学管理的整体效能，为跨学科、跨领域的实验教学合作提供支持。第四，实验教学评价与监测管理体系的革新。数据驱动辅助教学效果评估，为教学改进提供科学依据，构建数据与业务互促的实验教学新生态。

三、东北财经大学实践案例

接下来将分享东北财经大学的一些实践案例。作为一所以文科为主的学校，我们面临如何建设文科实验室的挑战。通过调研，我们发现目前全国范围内尚缺乏特别突出的文科实验室建设管理模式，这意味着我们的工作具有探索性和创新性。因此，我们采取"摸着石头过河"的策略，紧密围绕学校提出的"建设一流数字财经大学"的战略目标，持续推动信息化建设的深化与管理设计的优化，不断尝试、总结与改进，力求在文科实验室建设上走出一条符合自身特色的发展道路。

我们致力于构建一个具有创新性、协调性、预见性和共享性的智慧校园。在实验教学领域，遵循对标跃升、融合创新、生态优化的战略思路，以数字化高标准建设新实验教学中心大楼。利用大楼建设的契机，我们以智能化新型基础设施建设为抓手，积极运用新技术推动实验教学业务的数智化转型，打造学校数字素养教育基地，助力学校学科专业"数智+"转型升级。通过虚拟化和数字化等新技术手段对实验基础设施资源进行数字孪生，实现基础设施的数字融合、软硬件和网络的技术融合以及管、控、维的管理融合，进而实现系统与业务的共谐、管理与数据的共振，为实验教学创新、科研创新、管理创新以及教学支持技术创新提供高水平支撑。

我们已落实了一系列具体措施来推进实验教学管理革新工作，主要包含以下几个方面：

第一，实验教学管理组织模式创新（如图1所示）。打破原有的分散管理机制，以"和合共生、动态优化"为核心理念，以"价值共创、制度协同、利益共享"为逻辑进路，打造实验教学新生态。在实验室管理方面，我们提出了共建共享、宏观统筹的理念，将原来分散在各个学院的实验室统一管理，通过实验资源全维度的虚拟化、数字化和区块化，构建所有权、使用权和管理权分离机制。现在，各学院没有了专门的实验室，而是集中到我们这栋大楼，不仅提升了管理效率，也便于实验资源的共建共享。

通过这一机制的创新，我们的实验资源实现了从私有向共有的转变，管理模式也由静态分割转变为动态共治。尽管文科实验室多以机房形式存在，但我们仍致力于让每间机房各具特色，以契合多样化的教学场景需求。例如，七楼的综合会议室灵活适用于各类中小型会议，而一楼的大礼堂则能举办大型活动，确保了不同规模会议的顺利进行。此外，我们精心布局楼层空间，设有智慧教室、机房及金融、建筑、投资等专业实验室，配备了双屏等设备，使师生能在教学中一边查看交易信息，一边进行绘图等实践操作，满足了多样化的教学场景需求。

图1 东财实践案例——实验教学管理组织模式创新

第二，构建多元化、多层次的实践教学平台体系。我们聚焦"新文科、新经管"建设，持续投入并不断优化实验教学资源，建立了丰富多样的实践教学平台，财经类实验重点在于计算机类操作，而这些技能都能在我们的教学平台上得到有效训练。仅去年一年，我们就投入并启用了20多套与大数据智能相关的教学平台，为教学与实验活动的深入开展提供了强有力的支持。

第三，数智赋能教学技术创新（如图2所示）。我们合作开发了一系列实践教学应用系统，其中尤为值得一提的是我们的AI助教系统。该系统植根于开源的大语言模型技术，主要应用于程序设计类课程。它能够实现24小时不间断的实时服务，全方位且智能地为学生提供个性化的助教支持。学生可随时向AI助教咨询问题，这些问题广泛涵盖各类学习内容，确保学生获得全面而及时的帮助。该系统不仅具备检查代码错误的能力，还能辅助学生编写代码，逐步构建了虚实融合、"师–生–机"三元交互的教学新范式，助力课程学习提质增效。这一创新性的教学模式在教育部计算机教指委举办的2024年全国程序设计类实训案例评选中获一等奖。这不仅是对我们教学创新的认可，也是对我们在教育技术应用方面所付出努力的肯定。

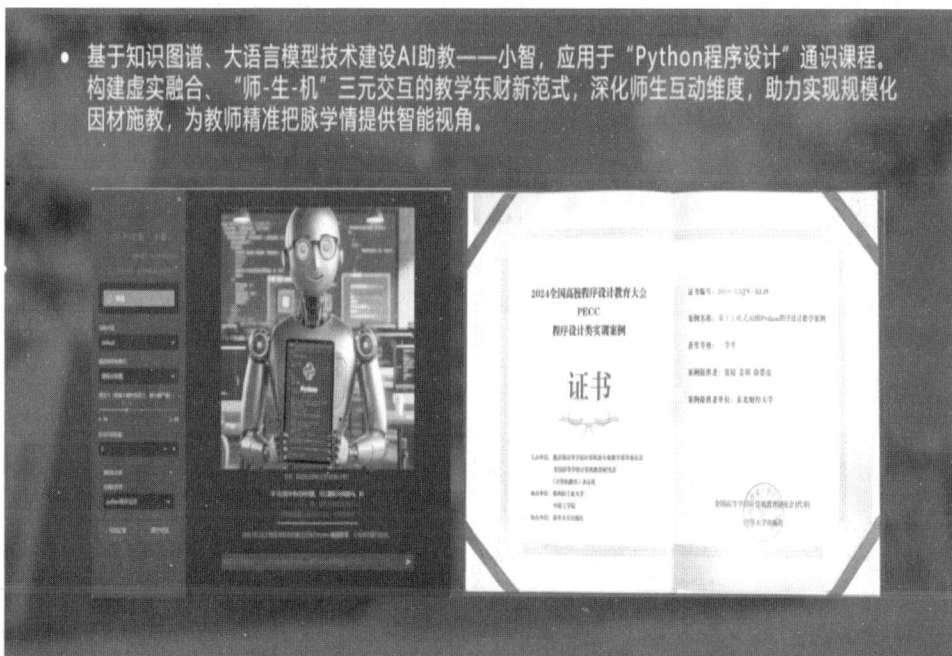

图2 东财实践案例——数智赋能教学技术创新

我们还成功塑造了一个数字人形象，可以通过观看相关视频来深入了解。该数字人基于AI技术自主生成，并在今年7月的一场大型活动中首次亮相。这个数字人形象源自一名学生的真实形象，承载着我们的使命与愿景。在此，我们衷心感谢所有参与此项目的师生团队，是你们的辛勤付出与不懈努力，让这一创新成果得以呈现。

第四，实验资源的数字孪生。在过去，实验中心仅依靠10名工作人员来应对各类问题并管理实验资源；而今，我们构建了云原生数字系统，这一系统极大地提高了管理效率，能够轻松管理各类实验资源。目前，我们已部署了近1 800个终端节点，并依托综合云平台虚拟出10 348个云桌面，高效满足教学、考试、竞赛、培训等多元化场景需求，实现了资源使用全过程的数字化、数据可视化以及管控维的统筹与开放，进一步提升了实验教学质量和管理服务效能。

第五，多元化实验室智能管理体系。我们落地建设了智能门禁管理平台、电子班牌系统、AI监控系统、智能电控管理平台等，完成各智能系统的对接、信息数据的快速收集以及大楼智能运维数据等数据资产的融合管理，实现了对实验室状态的实时监控与智能化运维，构建了多元化实验空间智能管理体系，大幅提升了管理效率。以往，楼栋管理员需亲自前往各实验室检查电路并手动锁门；而今，我们只需通过智能电控系统即可远程操作，大大提高了管理效率。电子班牌系统与实验教学管理系统相互连接，实现了课程信息的实时发布与更新。

以建设优质实验教学条件、建立新型基础设施数字融合机制为目标，我们落地建设了数字化新型基础设施业务中台（如图3所示）。业务中台总体架构由基础设施层、虚拟空间层、融合数据层、业务平台层、价值创新层组成，自下而上实现实验场所基础设施资源的数字孪生，架设了实验教学业务与基础设施之间的桥梁，搭建了实验室数据资产管理中枢，赋能实验场所与资源的开放共享、实验课程建设和教学管理模式创新。

图3　东财实践案例——数字化新型基础设施业务中台

基于业务中台，我们进行了多项探索与实践：

首先，我们推进了实验教学多元数据融合与标准化工作。对实验教学业务与信息化服务进行梳理，将实验教学管理、楼宇智能化硬件设施、软件系统等进行多维度信息融合，构建满足实验教学技术和手段迭代式发展需求的信息底座和数据池。在此基础上，开发数据图表展示功能，便于管理人员进行数据抽取与使用。通过动态报表与图表，将重要的数据资产进行统计、分析、整合与多途径展示，打造具备实验教学特色的可视化数据大屏，展示实验室基础信息、实验室资产分析数据、今日教学动态等，打破数据隔离，为管理决策提供有力支持，实现了"综合展示""智能运营""决策支持"的闭环式运转。

同时，我们研发了新型基础设施系统间的标准化接口，实现了业务中台与学校学习平台、实验室管理系统、智能门禁系统、电子班牌系统之间的接口对接与互联互通。实现了数据源的丰富和扩展，建立了实验管理的数据流转通道，通过定时任务的方式对接口进行可配置的策略控制，实现课程信息、实验室运维信息以及安全信息等在各新型基础设施系统中的自动化流转，确保了信息的实时更新和高效同步，有效消除了数据孤岛现象，为我们的师生提供更加便捷、高效的服务。

此外，从实验教学业务实际需求出发，我们集中分析业务系统、教育教学管理过程的关联性，挖掘数据价值，从实验课程的组织开展与实验室的管理运营两个维度出发，将信息化数据转变成智能化服务（如图4所示）。例如，在实验教学课程管理方面，我们实现了本科、研究生及培训类课程的融合管理，解决了以往排课复杂、数据分散的问题。通过可视化课表，管理人员可以直观地掌握当前的课程计划安排、管理课程的各项细节，根据实际需求对实验计划进行调整，如更改上课时间、地点、节次等。课表数据自动同步到实验室的电子班牌系统、门禁系统、实验室管理系统，师生可在多种场景下，从不同的维度查看课程安排信息。我们实践了多元化的实验室空间管理机制，学生可以通过电子班牌、手机或电脑方便直观地查找空闲实验室、查看实验室的活动安排情况，在实验室使用方面享受到了极大的便利。在实验室安全综合管理方面，门禁系统、电子班牌系统中的开关门记录信息、报警信息、报修信息、实验室预约信息归口到业务中台，运维人员可方便地实时查看应对。业务中台将实验室管理系统中的实验室安全准入成绩数据与实验选课数据进行智能化比对，管理人员通过下拉菜单筛选可方便地查询已通过和未通过的学生名单，实时掌握实验室安全准入考核的进展情况。

3. 实验教学服务的设计与开放

从实验教学业务实际需求出发，集中分析业务系统、教育教学管理过程的关联性，将信息化数据转变成智能化服务。

实验课程组织开展维度
- 实验相关部门管理
- 教师与学生管理
- 学期管理
- 课程的自动导入和调整
- 上课时间管理
- 课表的多维度查询

实验室管理运维维度
- 实验室建制管理
- 楼宇信息管理
- 实验室安全信息管理
- 实验室资产管理
- 实验室使用情况查询
- 实验室安全准入成绩智能统计分析

图4 东财实践案例——基于业务中台的应用实践

概括地来说，通过精准对接实验教学业务需求，挖掘数据价值，并转化为实际可用的智能化服务，我们正逐步构建起一个高效、智能、安全的实验教学管理体系。自去年8月份大楼投入使用以来，硬件和软件系统已经稳定运行了两个学期，累计应用时长超过7 000余小时，支撑楼内各专业实验室及智能化机房、数字语音实验室、智慧教室等共56间实验室的智能化管理，累计支撑29 300余学生人次，900余教师人次，820余门次实验教学课程的开展。

四、总结与展望

在学校数字化基础设施的支持下，我们在实验教学方面取得了一些成绩。我们建有2个国家级实验教学示范中心，分别为经济管理国家级实验教学示范中心和金融学国家级实验教学示范中心。在省级层面，建有省级实验教学示范中心4个，获批首批辽宁省"智慧教育示范校"。在虚拟仿真建设课程方面，我们是教育部首批高等学校虚拟仿真教学创新实验教学项目学校，建有省级虚拟仿真实验教学中心2个、国家级虚拟仿真实验教学一流课程2门、省级虚拟仿真实验教学一流课程20门。

后续，我们将响应国家号召，持续探索运用数字技术支撑业务服务的管理创新和价值创造，实现技术与业务深度融合，强化学科交叉、产教融合、科教融汇，提升实验室建设和管理水平，进一步增强实验教学育人能力，推动人才培养从"学知识"向"强能力"转变，为各学科专业培养适应新时代需求的卓越财经人才提供更有力的支撑。

数智时代的经管虚仿实验教学体系探索

苟娟琼

（北京交通大学经济管理学院）

以生成式人工智能为代表的拟人智能的广泛应用，快速推动人类走向人与AI协同的"智能工作情境"，并给人类认知过程、思维逻辑、知识组织带来新的挑战，数智人才的需求产生颠覆式改变。人与AI协作的工作模式催生了新的AI人才结构与能力需求，跨学科知识结构、创新思维、AI驾驭能力将成为未来AI人才的必备素养。

在"机器替代人"的时代压力之下，人工智能时代还需要经管人才吗？或者说，经管人才如何应对人工智能的挑战？本文以虚仿实验教学研究与实践探索，尝试回答经管教学中的三个问题：（1）在"知识即得"条件下，高等教育学什么、怎么学？（2）如何深刻理解组织管理的"系统复杂性"及其在人智协同情境中的演化？（3）如何将"技术+理论"的拼盘式教学转化为"情境模拟+理论创新"的自主学习与融合创新？

对上述三个问题的探索，本文基于人与AI协同的虚拟仿真实践教学，从大学教育的理念、目标、内容、方法等方面，初步重构了以实验教学体系为基础的经管教学模式。

一、数智时代的知识、学习与虚拟仿真

互联网、物联网建立了物理世界的广泛联通，推动了数字世界的崛起，以大

语言模型为代表的人工智能的技术再飞跃，对知识生成与人类智能提出了新的挑战，教与学的基本规律正在发生深刻的变化，如知识观与教育本体论。

传统学校教育中的知识是人类智慧的提纯部分，是人类对现实本体进行符号化、抽象化、结构化和逻辑化的智慧处理，其为固化在书本中的知识，亦可称为精英生产知识的传统知识观，主要特征是分科化、静态、生产周期长、进化困难。以互联网为基础的回归论知识观具有相反的内涵特征，主要表现为综合性、动态性、生产即传播、强进化力。知识生产主体是全部人类智慧，将知识从精加工的符号化信息回归到全社会的人类智慧。生成式人工智能进一步以机器生成知识，快速增加了知识量级，也重新丰富了知识的来源、生成方式等内涵的解读。

教育本体论探讨教育的本质，早期的思维本体论指主观世界认识客观世界；之后以杜威为代表的教育哲学家提出生成本体论，即每个个体所认识的主观世界和客观世界都是不同的；还有基于联通主义学习的联通本体论。联通主义学习是在操作交互、寻径交互、意会交互和创新交互相互作用的过程中螺旋式的知识创生和网络拓展与优化的过程。联通本体论认为学习是一个与特定的节点和信息资源建立连接的过程，它不仅是消化知识的过程，也是创造知识的过程。因此，教育目标转向引导学生构建促进知识、信息源、社会交互等多方联通的生态网络。

新知识观隐含着知识分类体系的变化，学校教育一直沿用的割裂性的学科分类体系，已经不适应连续的全谱系知识内容，高度综合的社会生产实践与分科培养人才的学校教育之间的矛盾日益尖锐。联通主义学习进一步强化了学习者的本体地位，以及学习中与知识、社会、实践的联通能力。人工智能以工作伙伴、学习伙伴的身份逐步深入到人类的学习、工作场景，新知识观更符合人工智能学习情境的需求，高等教育与人类终身学习模式正逐步趋同。由此，本文提出面向智能工作情境的多元知识学习模型（简称"多元知识学习模型"），如图1所示。

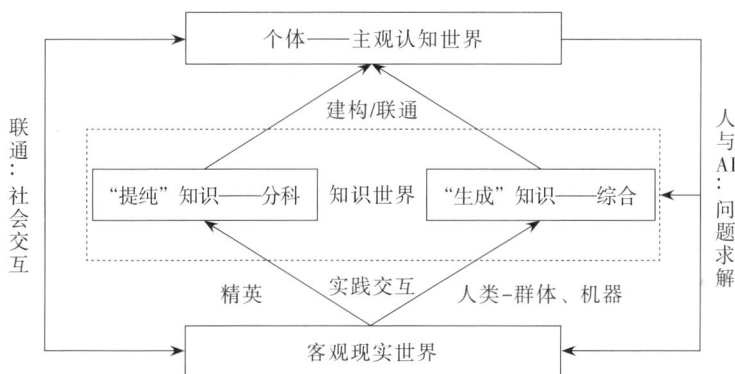

图1　面向智能工作情境的多元知识学习模型

数智时代新经管与"活"案例教育教学

基于虚拟仿真平台的游戏化学习模式，在实现多元知识学习模型上具有较强的优势，包括：还原企业经营管理全流程及决策的系统复杂性；复杂情境中决策的多元化路径与结果演化；协同决策中动态生成的碎片化知识的融合与创新；问题求解过程中主观认知世界与现实世界的交互。

北京交通大学经管国家级虚拟仿真教学实验中心自2018年起研发了人与AI协同下的企业管理创新虚拟仿真（下文简称"人与AI协同虚仿平台"），如图2所示。该平台构建基于制造企业生产经营流程的动态虚拟企业情境，集成企业财务、生产、销售、市场等各项业务。学生以角色扮演的游戏化方式，与AI队友协同进行企业经营决策，并通过AI队友的选用、优化、设计，进行跨学科知识整合应用与探究。

图2 "人与AI协同下的企业管理创新虚拟仿真"示例

从2018年到2024年，在虚拟情境构建、人与AI协同理论探索、教学实践等过程中，虚拟仿真平台经历了五轮迭代，分别是经营管理复杂性仿真、替代型AI队友协同、增强型AI队友协同、LLM协同、AI队友的智能生成，如图3所示。

为屏蔽技术的复杂性，促进学生深入理解数智化转型的内涵，平台以AI队友的组织形态引入AI技术应用。随着大语言模型（Large Language Model，LLM）的发展，平台又将LLM融入组织决策中，人+AI队友+LLM合称为三元智能体（后文中，AI队友特指依赖于预定义的规则和算法执行任务的非生成式AI，AI队友以及以LLM为代表的生成式AI统称为AI伙伴）。

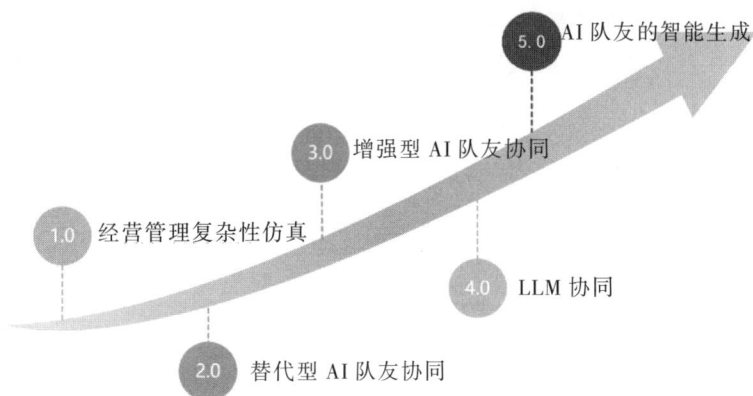

图3 人与AI协同虚仿平台的迭代

传统教学模式下，学生往往侧重于固定理论知识和单一纵向职能视角的学习，难以全面系统地认知和体验企业多部门间的复杂业务关系与协作反馈，缺乏企业实践中所需的管理创新素养。虚拟仿真实验通过高度还原企业经营全貌，使学生能够从"上帝"视角深入体验企业经营管理的每个岗位与协作，并清晰理解企业经营管理的复杂性。

二、教育目标：从"知识填满"到"创新激活"

教育中，目标指预期的学生学习结果，即"教育过程使学生发生的预期变化"。经典的布鲁姆认知模型，对教育、教学目标进行分类，基于认知过程维度的难易与重要性等特征，形成了被广泛应用的三角形的布鲁姆认知模型。AI作为工作伙伴与学习伙伴，具有二元性特征，既是未来的工作模式，也是终身学习模式。为此，本文将AI伙伴放入学习过程之中，提出"人机协同认知模型"，如图4右侧所示。

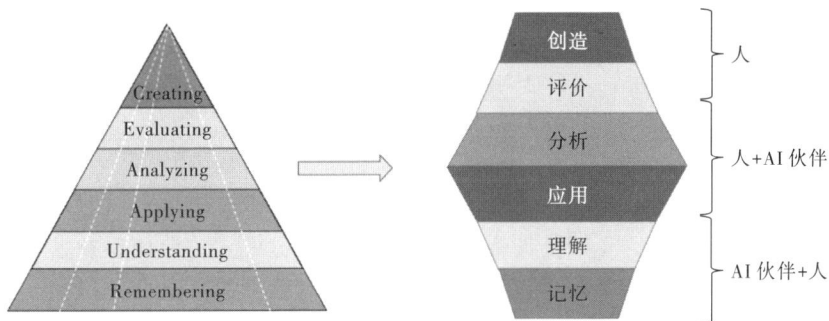

图4 布鲁姆认知模型与人机协同认知模型

图 4 中，在布鲁姆模型（图 4 左侧）中增加了一些虚线，意在显性化大学教育中的分科体系。传统分科教育以"精英生产"的相对静态、固化知识的传递、记忆和理解为导向，导致学生花费大量时间学习、记忆既有知识，学习的目标更多是"知识填满"。

现实问题并非如知识细分之下课堂所提出的预设问题，高度综合的社会生产实践、现实的复杂问题情境的解析更需要掌握跨学科的知识结构，以及碎片化综合知识中问题求解与知识创生。生成式 AI 的知识检索与智能生成的模式具有极强的知识、决策边界的跨越能力，对未来人才的跨界融合、应用创新能力提出更大挑战。

知识的消化与创造在使用过程中，在问题求解的过程中，基于复杂场景的知识联通与创生。因此，营造更具跨专业、跨学科的问题情境，以更为贴近现实的复杂应用问题，引导学生对专业知识问题的理解与抽象、理论方法的学习与探索，符合人类知识的生成、创造过程，也更易于激发学生的探究与创新能力，应成为大学教育的核心。与布鲁姆模型的结构相比，人机协同认知模型突出"应用、分析"认知目标的基础和比重。

目前，人与 AI 协同虚仿平台被 60 多所院校采用，应用于本科生、研究生多门课程教学，以及多校联合大赛（AI 队友创新设计大赛），以智能应用情境下的问题求解，"激活"学生的动能与创新精神，促进知识获取与知识建构，培养人与 AI 协同工作之下的自主学习与终身学习能力，以及在未来智能工作中保持决策的能动性，并最终推动知识创新与自我能力的增强，实现从知识传递走向更高阶的能力塑造与思维培养。

在企业经营模拟的虚拟仿真中，即使是刚入学的新生，也能在没有管理知识的情况下，快速地理解经营的概念与流程，与高年级、MBA 学生的经营对抗中，并未表现出差距，部分学生表现得更优异。

三、教学内容：从"课程拼盘"到"智能情境+模拟创新"

数智时代对高等教育提出了更高的泛化技术能力素养需求，由此出现了在传统单学科知识体系中，直接叠加数智技术课程的拼盘模式，造成新技术表面化附着于传统知识体系上，难以真正呈现未来智能工作情境的复杂性，以及人工智能加持下的知识融合与问题求解的挑战。

"人工智能+经管"并不意味着在传统管理理论上增加人工智能方法，更不是在现有教学手段上增加AI技术，而是需要从信息与智能技术对于经济社会、管理科学的深刻影响，以及不断涌现的研究问题入手，探寻未来经管人才面对的智能工作情境中的实践挑战，引导学生用未来情境去分析现有理论的假设变迁、经典理论的"失效"，因此探寻理论的创新。

图5初步描述了管理学科的挑战与创新需求，包括外部的驱动力，内部的目标、发展方向，发展与演化机理，数智化方法的创新，以此探索数智化对于经管人才的内在、核心需求。

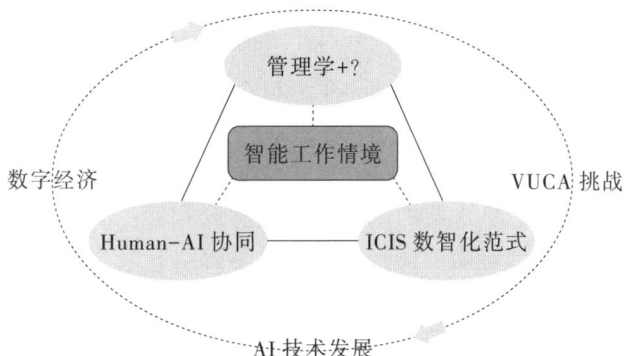

图5　管理学科的挑战与创新需求

（一）外部驱动力

人工智能技术发展对人类社会的基础，人类智能、人类工作、社会组织等有深层次冲击。对于经管人才，首要的不是技术的学习，而是AI作为"智能体"融入组织，对于决策方法与模式、组织管理模式、智能生成模式，乃至社会伦理的探索，构建"以人为中心"的数智化模式与理论方法。

"数字经济"不仅是经管的研究对象，更意味着众多理论基础的社会环境的持续、快速变化。数据要素成为生产要素，智能技术成为新质生产力，数字员工成为社会劳动力、企业员工，与人类形成新型生产关系与共享经济模式。

VUCA（Volatility、Uncertainty、Complexity、Ambiguity）情境一直是各学科研究的重点之一，但通常是作为一种特殊现象与情境，而非系统的基础特征。管理学的理论与实践，更多的假设与目标是构建相对稳定的机械系统，而非动态演化的人类活动系统。然而，社交媒体等开放平台技术，其高度连接能力，在解决VUCA的同时带来更大的挑战，将成为系统性的、根本性的理论假设前提与理论发展目标。

（二）管理领域三大理论创新方向

（1）管理学+？。数智时代正在重构管理理论。一方面，随着组织的开放与互联，组织管理系统的动态性、适应性、自组织和变异性等特征会更加显现与重要，复杂自适应、演化管理学等理论会更具有方法论上的创新需求；另一方面，与AI智能体的交互与协同，可以进一步将人类的行为与智能活动数字化，传统信息化中的线下协同行为将更多转为线上行为，人的个体行为的数字化、不确定性，以及对组织系统演化的整体影响，将使组织动力学、行为经济学等理论，成为人与AI协同与智能增强的理论基础，并进一步转化为智能管理方法，在管理机械系统中人的共性之上，释放人的个性，推动人类智慧的挖掘、人性的引导。

（2）ICIS数智化范式。ICIS（Intelligent Collaboration Information System，智能协同信息系统），是基于人与AI协同为核心的数智化范式，与现在以流程化为主的信息化模式相比，更突出人在信息系统中的自主性。这一范式，首先从组织管理视角，表现为人与AI协同的工作模式，从流程管控向协同决策转变的管理模式，以及人与AI混合智能敏捷组织；从技术视角，表现为轻量化的场景应用模式，以AI服务平台为核心的中台架构，以及知识数据驱动的智能模式。

（3）Human-AI协同。这是一个极广泛的研究话题，如组织社会化方面，组织如何将AI系统与现有的人力、流程和业务战略进行有效的集成，从协作智能视角，如何实现AI和人类智能之间的有效协作与融合，企业员工如何接受智能系统并与其进行互动和集成，进而形成员工和机器智能协同的新格局等。

这个框架蕴含了大量的前沿问题，许多问题理论上还难以开展研究，但在实践中已初现端倪，这也恰是理论研究的困境之处。与信息化、数字化相比，数智化转型正在酝酿根本性的变革，被称为"本体反转"，即不是根据现有的物理世界定义优化数字世界，而是要创造性地展望、设计未来的数字世界与智能工作情境，并以此引领现实世界的转型。

智能工作情境研究的前沿性，实践的高成本、高风险，很难在真实企业进行教学实验与科研验证，更无法有效引导学生对这一未来情境进行学习和探究。"人与AI协同下的企业管理创新虚拟仿真"从组织视角将AI以队友的身份加入企业组织，营造了管理与技术融合的可视、可交互的虚拟情境。

目前正在研发的"协同决策AI队友智能生成平台"（如图6所示），将协同决策建模、知识建模、AI队友代码生成等技术，以更友好、易用的工具方式提供给非技术专业学生，进行"以人为中心的AI设计"技术应用，建立可设计、可模拟、可验证、可重复的多学科交叉问题探究，以及VUCA环境下反复试错、自主创新、闭环验证的学习与创新平台。

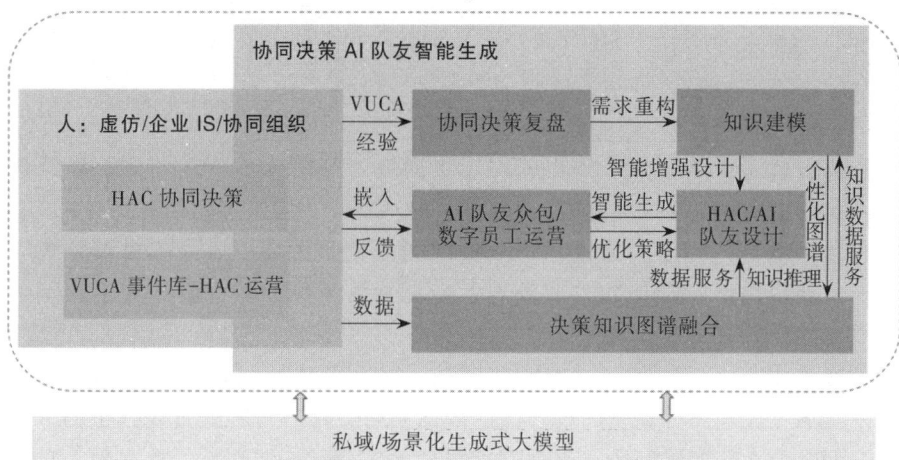

图6 面向协同决策创新的知识建模与智能生成

未来智能工作情境的构建与运营过程，是一个多专业融合创新的过程，可以有效打破现有细分专业的界限，以此进行跨专业实验设计，能有效推动"AI+经典理论"的教学模式，转变为"智能情境+理论创新"的学习探索。

基于人与AI协同虚仿平台，建立了跨院校、跨专业的"智能情境下的管理创新虚拟教研室"。基于人与AI协同虚仿平台，以智能工作情境下的多专业知识融合和创新作为教学内容和目标，多专业教师共同为不同的专业课程设计系列化虚拟仿真实验，包括理解、分析基本理论方法的基础实验，以及能够观察分析"异常"现象，进行理论探索的拓展实验，让学生在"现象"的洞察分析中理解理论发展的规律，进行创新设计的模拟验证，并以此重构教学内容与目标，如图7所示（相应的数字实验教材正在编写中）。

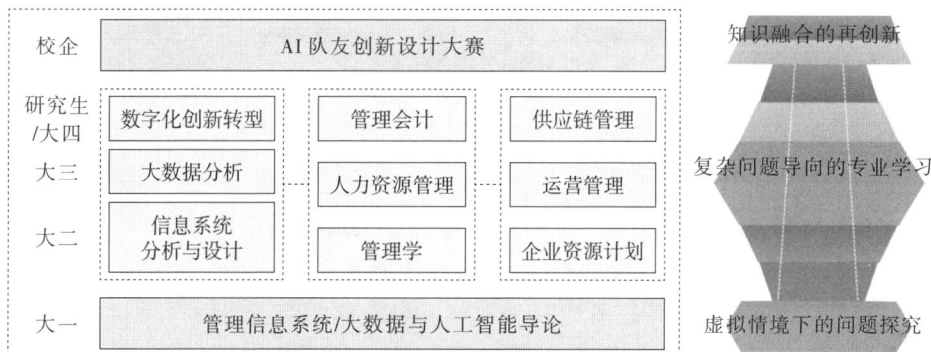

图7 基于人与AI协同虚仿实验的经管课程重构

四、教学方法：以"习"为中心的虚仿行动学习

　　知识生产主体的变化、知识的动态生成性、知识生产方式的变化以及知识分类体系的变化，从根本上推动教育从"教"到"学"，进而演变为"习"，形成以"习"为本"习本"课堂。更重要的是，变革了传统供给方提供教育服务的模式，从供给驱动型的教育服务逐渐向消费驱动型的教育服务转型，特别是高等教育、继续教育、职业教育，要提供学习者所需的内容，用学习者适应的方式来提供服务。

　　行动学习法是一种基于问题解决的团队学习方法，旨在通过实践中的学习来解决组织或个人的实际问题，是具有针对性、实用性、协作性、反思性和自主性等优势的体系化教学方法。传统行动学习法解决的是实际应用下的体验式动态性问题，情境嵌入度高，环境复杂度高，成本高，实施难度较大；另外，行动学习法在实行阶段，知识显性化程度较低，教学内容与知识点的匹配有偏差。虚仿教学平台的应用很好地克服了上述行动学习的缺陷，为学生的知识建构提供了真实灵活的数智化创新复杂情境。因此，本文构建了以"习"为中心的虚仿行动学习法，如图8所示。

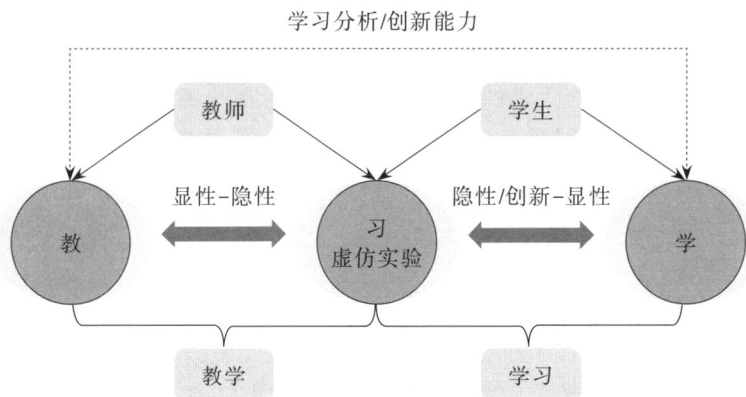

图8　以"习"为中心的虚仿行动学习法

　　教学是一种促使学生从他主、他导、他律向自主、自导、自律转移的过程。虚仿行动学习法弱化了传授者的主导地位，以游戏化仿真实验引导学生自主学习，以经营管理决策的"价值"，推动知识的建构"过程"，探寻知识的"意

义"。基于平台构建的智能工作情境，将现实问题抽象与理论知识隐性化，通过问题的求解实现知识学习与创新引导，形成知识与问题情境的有效联通。

该模型中，教师不再是显性知识的讲授者，而是实验的设计者与学习的引导者。通过将教学目标中的显性知识与情境化的实验设计，嵌入虚仿情境的模拟之中，学生通过实验模拟进行隐性知识的显性化与再创造。

虚拟仿真实验的游戏化学习模式，在提升学习热情与参与度的同时，容易使学生沉溺于"攻略-how"的追逐中，而忽略"知识-why"的探寻。在人与AI协同的虚拟仿真实验中，教师可以将知识隐藏在游戏场景设计与AI队友决策模型中，学生在协同决策过程中，按照"照着做""谋改进""再创新"的路径，通过AI队友选用与设计，显性化决策模型并进行优化设计，通过模拟验证，实现知识点的学习与内化，以及新知识的创造。

据此，本文进一步构建了面向智能工作情境的人与AI协同下的终身学习模式（简称HAC学习模式），AI队友作为工作伙伴，学习者在协同决策中完成学习过程，以此提升学生终身学习习惯与学习能力，如图9所示。

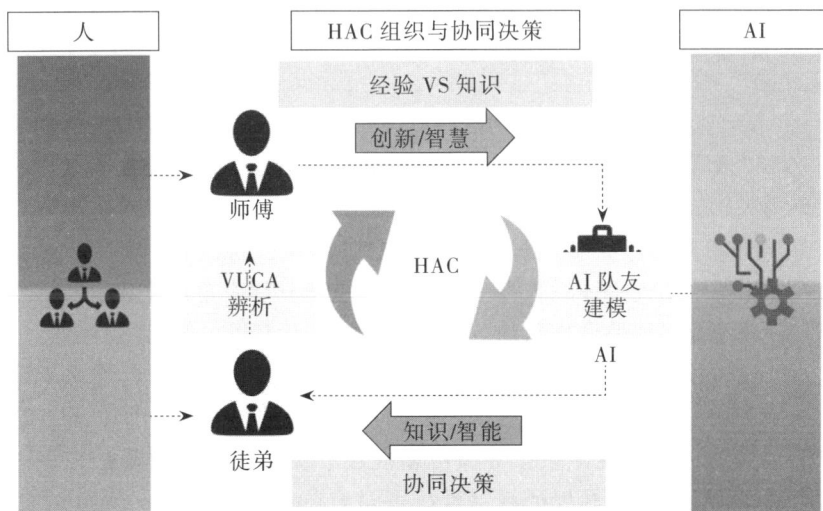

图9 面向智能工作情境的HAC终身学习模式

HAC学习模式打破了传统组织限制，重新定义了企业中资深员工、专家（"师傅"）与新员工（"徒弟"）的动态关系：将"师傅"经验转化为知识，并进一步通过知识结构化建模，用于构建AI队友，当AI队友得到智能知识增强后，可辅助"徒弟"进行高效的业务决策。在这种协同业务过程中，"徒弟"通过与AI的合作，结合新的VUCA问题进行反思与辨析并生成新的知识，使其成长为新的"师傅"。AI也同样会再次得到智能增强。

学生在虚拟仿真模拟中参与AI协作，体验与AI结构化反思的直接互动，在人类创造力和AI智能之间形成一种共生成长的教育关系。通过分析学生在与AI协作中的学习行为与认知现象，研究学生的认知模式、高阶思维能力特征与提升策略，提升人与AI协同背景下的自主学习与反思能力、多专业知识融合的创新能力，推动"以人为中心"的技术设计思维与社会伦理观的培养。在HAC学习模式下，学生能够更有效地获取知识并创新性地应用知识，同时培养适应数智化时代的终身学习能力。

在人与AI协同虚仿实验教学与AI创新设计大赛中，通过学生的参赛报告发现，在基本没有学习经管专业知识的情况下，参加决赛的大一同学在AI队友设计报告中，也表现出对复杂决策更深刻的分析与洞察能力，以及对多专业知识的无缝融合。通过学生决策模拟中行为数据分析比对，经营成绩好的学生具有更高的自我调节能力、协作问题解决等高阶能力。

五、结论

与传统专业课程相比，以解决综合性、复杂性问题为导向的实验教学在课程设计上更为灵活，学科壁垒相对不强。实施以智能工作情境的构建与应用为核心、以多学科交叉为特征的体系建设相对更加可行，也更加必要。通过体系建设，能够有效地带动课程体系重构、教育过程重塑、师生角色重建，进而推动产学研合作、理论与实践融合创新的教学生态体系建设。

此外，通过设计人与AI协同的智能情境构建与实验体系，打造多学科融合的核心教师团队，可以迅速提升教师团队的技术应用与创新能力。进而，以教学实验设计，带动重构课程体系，吸引更多院校、更多专业的教师加入虚拟教研室，构建教师赋能与能力辐射的教师敏捷协同生态。

另外，基于智能工作情境的实验教学内容，积累了大量的学生模拟数据，具有较高的科研创新潜力。这可以与科技竞赛活动相结合，更好地吸引青年教师、青年学子加入智能情境的构建与创新过程。例如，通过基于智能情境实验教学，组织跨院校的"AI队友创新设计大赛"，支持一批多专业知识融合的创新设计方案和一批超越传统专业边界下的知识模型，打造教师引导下的学生自主学习与创新模式，形成以学促研、教学相长的良性师生关系。

参考文献

[1] 陈国青，任明，卫强，等. 数智赋能：信息系统研究的新跃迁 [J]. 管理世界，2022，38（1）：180-196.

[2] 陈丽. "互联网+"时代教育哲学与教育原理的演变与发展 [J]. 中国远程教育，2019（7）：9.

[3] 胡卫平，徐晶晶，皮忠玲，等. 智能时代的教育变革：思维型教学理论引领"技术赋能教学"[J]. 远程教育杂志，2023，41（6）：3-9.

[4] 刘畅，谷生然. 人工智能时代人的发展境遇审思 [J]. 理论导刊，2024（4）：72-78.

[5] 戚聿东，肖旭. 数字经济时代的企业管理变革 [J]. 管理世界，2020，36（6）：135-152；250.

[6] 王天平，蒋花，杨玥莹. 深度学习对布鲁姆认知教育目标认识的异化样态及其复归策略 [J]. 教育与教学研究，2022，36（11）：17-26.

[7] 王志军，陈丽. 联通主义："互联网+教育"的本体论 [J]. 中国远程教育，2019（8）：1-9；26；92.

[8] 王竹立，吴彦茹，王云. 数智时代的育人理念与人才培养模式 [J]. 电化教育研究，2024，45（2）：13-19.

[9] 谢凌凌，张聘丹，周仕敏. 高校基础学科人才培养的价值、逻辑与路径探索 [J]. 中国高等教育，2023（Z3）：47-50.

[10] 杨东平. 论高等工程教育的"非工程化"倾向 [J]. 高等教育研究，1997（5）：21-24.

[11] 余明华，冯翔，祝智庭. 人工智能视域下机器学习的教育应用与创新探索 [J]. 远程教育杂志，2017，35（3）：11-21.

[12] 战洪飞，邬益男，余军合，等. 面向业务求解的情境化知识模块建模方法研究 [J]. 情报理论与实践，2018，41（7）：149-154；122.

[13] 张梦欣，苟娟琼，王莉. 面向学习过程的桌面虚拟现实环境临场感研究 [J]. 现代远距离教育，2022（2）：55-65.

[14] 张志学，赵曙明，施俊琦，等. 数字经济下组织管理研究的关键科学问题——第254期"双清论坛"学术综述 [J]. 中国科学基金，2021，35（5）：

774-781.

[15] 郑旭东, 马云飞, 范小雨. 协作问题解决: 人工智能时代必备的高阶能力 [J]. 现代教育技术, 2021, 31 (3): 12-19.

[16] CROMPTON H, BURKE D.Artificial intelligence in higher education: The state of the field [J]. International Journal of Educational Technology in Higher Education, 2023, 20 (1): 22.

[17] JAFARI F, KEYKHA A.Identifying the opportunities and challenges of artificial intelligence in higher education: A qualitative study [J]. Journal of Applied Research in Higher Education, 2024, 16 (4): 1228-1245.

[18] ZAWACKI-RICHTER O, MARÍN V I, BOND M, et al.Systematic review of research on artificial intelligence applications in higher education: Where are the educators? [J]. International Journal of Educational Technology in Higher Education, 2019, 16 (1): 1-27.

开源创新与数字治理微专业

张国锋

（上海对外经贸大学）

开源诞生于20世纪80年代，原指计算机程序生产协作方式，现指基于开放、平等、共享、协作及国际化理念，通过开放共享源代码实现计算机程序快速迭代升级。开源与数千年以来物理世界独占排他的社会安排和商业规则有冲突，在历经"磨难"后，逐步成长为数字经济下创新创业的重要模式，展现出强大的生命力。如今，开源已经成为引领产业变革、社会经济发展、组织变革和思想文化变迁的重要力量，其概念也从软件领域扩展到硬件、数据、算法、标准和内容等领域。目前，开源已重构软件、汽车产业链供应链，未来还将重构家电、家居、智能制造、交通、医疗、金融、教育等行业产业链供应链。但从创新实践来看，开源还缺乏理论准备、政策准备与人才准备，开源创新与数字治理微专业就是在这一背景下产生的。

一、开源创新与数字治理微专业介绍

开源创新与数字治理微专业是基于国家数字经济开源创新体系、开源产业开源服务业发展战略、数字公共产品国际合作、企业开源竞争战略、开源办公室、国家数字主权、数字世界规则及标准主导权、开源创新国际合作等国民经济主战场和国家战略，针对数字经济开源创新人才强烈需求而建立的新专业。

人才培养目标：培养具有国际视野、数字思维及数字世界观，洞悉数字经济商务模式及运营规则，拥有开源创新理论及方法论，掌握数字商品大规模生产协作开源平台、技术、工具及能力，能从事企业开源竞争战略规划、开源治理、开源社区运营且知行合一的开源创新人才。

就业岗位：政府经济科技相关部门、企业开源办公室、各级政府开源创新办公室、国际开源社会组织、国际开源社区运营、开源治理、开源供应链、企业开源竞争战略规划部门等。

在上海开源信息技术协会的指导下，微专业开设了11门课程：

（1）数字经济与开源创新。开源是数字商品资源配置最有效的方式，通过该课程引导学生形成对数字商品资源配置方式、数字经济运行模式及规律、生产组织模式的基本认知。课程主要内容有：开源创新社会运动、数字经济学理论、数字经济运营与商务模式、数字贸易规则、数字公共产品国际合作、数字税、数字"一带一路"公共基础设施、世界主要国家开源产业政策、中国开源创新体系、中国开源创新社会工程等。

（2）开放式组织与管理创新。开源是数字商品大规模社会化过程中最有效的生产协作模式，如同传统管理学首先引入汽车生产线一样，本课程以数字商品生产线为例，引导学生对数字商品生产协作方式、组织管理模式形成基本认知。课程主要内容有：开放式组织、开源社会组织、开放式协作（Open Source Way）、数字商品生产线运营管理、企业开源竞争战略、开源办公室等。

（3）开源协议与公共知识产权。开源协议关乎数字世界规则及标准主导权，也是开源项目运行的制度保障。该课程介绍5种国际主要开源协议及数字规则、数字治理、数字主权、公共知识产权等。

（4）数字公共资源平台与协作（实训课程）。该课程通过实训模式，让学生掌握数字商品生产协作技能、组织管理模式等。课程内容包括代码托管平台（Github、Gitee等）与数字商品生产协作等，要求熟练掌握10~12个开源项目，如OpenAI开源项目、鸿蒙开源项目、Odoo开源项目、比特币开源项目、以太坊开源项目、大数据开源项目等。

（5）开源创新前沿。该课程以文献阅读、案例分析等形式，介绍最新的开源创新理论、开源技术、开源项目、开源社区、开源企业、开源社会组织、开源投融资项目、开源供应链安全、开源治理、开源协议案例等。

（6）区块链原理与技术。该课程介绍比特币原理、以太坊原理、区块链原理、分布式自组织（DAO）、数字货币、开源社区工作量证明与激励机制、数字贸易公共基础设施、数字金融公共基础设施、数字供应链等。

（7）设计思维与开源创业。运用开源创新思维和方法解决商业、经济、社会等复杂问题，从设计和管理的目标和价值出发改变企业和社会。

（8）数字商品生产线运营与管理（实训课程）。该课程是在数字公共资源平台与协作（实训课程）之后开设的一门延展性课程，以开源ERP为例，深入探讨数字商品生产线运营与管理模式。其中，第1~7周为7个实训练习，目标是熟悉Odoo系统，包括商品配置、采购、物流、销售、库存、项目管理、电子商务等。第8~16周，要求每个学生独立完成企业配置，包括Logo、使命、愿景、组织架构、人力资源、产品与BOM、服务、供应商、客户等配置，并完成采购、销售、项目管理等操作。以Odoo为例，介绍数字商品生产线设计、运营管理模式、Odoo社区，并运用Odoo开放协作平台构建一个应用系统。

（9）开源治理及供应链安全。介绍企业内部开源供应链管理方法，以及行业开源供应链及安全、国家开源供应链及安全、开源治理、开源办公室等。

（10）企业开源竞争战略（案例分析）。介绍IBM PC开放标准战胜苹果、Linux开源挑战微软Windows、谷歌开源安卓挑战苹果iOS、特斯拉开源智能企业软硬件技术挑战传统燃油车市场、Odoo挑战SAP、开源芯片RISC-V联盟、开源汽车联盟等案例，分析其成功原因。

（11）开源社区运营与治理。介绍国际上主要开源社会组织（Linux基金会、Apache基金会、OSI等）运行模式，分析知名开源社区（5~8个）、数字治理、开源社区运营模式、开源文化、开源精神、开源价值观等。

二、开源创新与数字治理微专业开源共建模式设计

当今世界，各种组织都在拥抱开源，目的是使其更具创新力、敏捷性和吸引力。那么，教育机构是否也应该走向开源呢？如果我们基于开源价值观，如同推动开源社区建设一样，建立教室、院系或整个教育机构，那将会出现一种怎样的新气象呢？如果我们基于透明、包容、适应、协作和社区的开放组织原则，进行教育改造的实验，结果会怎样呢？学生面对的是一个日益国际化的开放生活方式，教育工作者将如何应对呢？为此，我们试图以开源的模式推动教育改革，共同展望以学生为中心、参与性和包容性更强的21世纪教学方法的力量和前景。

开源创新与数字治理微专业每一门课程均采用开源模式。每一门课程、每一个试验都是一个开源项目，邀请来自不同专业背景的老师和企业高管共同建设。

以开源的方式进行开源教育，推动课程教育教学资源（幻灯片、播客、教学大纲、图像、教案、讲座视频、地图、练习题、教材及实验指导书等）开放共享，所有人都可以自由访问、使用、翻译和修改。按照国际经验和惯例，每一开源项目由上海开源信息技术协会孵化、培育至结项，并提供理论、方法论及法律服务等专业服务。

为了保证公共知识产权以及协作的有效性，上海开源信息技术协会组织律师开发起草了课程开源协议，同时还要求每一位参与者签署贡献者许可协议（Contributor License Agreement，CLA）。

我们坚信，世界上每个人都应该有机会获得及体验优质的教育资源，人们应努力消除一切实现这一目标的障碍。我们希望，经过大家共同的努力，能降低居高不下的教育成本，摈弃过时或陈旧的教学材料，以及突破阻碍学者和教育工作者之间合作的机制。

以开源的模式推动开源教育，促进合作是核心。我们坚信，共享是教育最基本的特征。教育就是将知识、见解和信息分享给他人，人们可以在此基础上形成新的知识、技能、认识和理解。

教育资源开源的好处体现在：共享更高质量的教学课件；提供面向业务问题的解决方案，即学即用；知识自主可控，打破知识垄断，体现教育本质；与社会同步更新，解决知识陈旧问题；以学习者为中心，构建知识体系。

三、经管法高校引入开源教育的价值和意义

现有经管法高校课程体系源于工业经济，解释的是过去，不能也无法指导现在及未来。

（一）现有课程内容不能适应数字经济发展的需要

经济学是研究资源配置的学问。现有经济学研究物理世界有形商品的资源配置方式，这是目前流行经济学教科书所讲述的内容。那么，数字世界无形的数字商品（软件、数据等）该如何配置呢？现有经济学没有也无法做出有效的解释。

管理学是研究生产组织管理的学问。现有管理学一般从汽车生产线开始，研究物理世界有形商品的生产组织管理模式，这是目前流行管理学教科书所讲述的内容。那么数字世界无形的数字商品（软件、数据等）生产线是什么样子？该如何有效组织生产？现有管理学没有也无法做出有效的解释。

法学是确保社会及生产秩序的学科。物理世界的基本特征是独占排他，现有社会安排都是围绕这一点建立起来的。而数字世界商品天然具有开放共享的属性，这与物理世界存在根本性差异。显然，我们也无法用物理世界的规则来指导数字世界。

应该更新的还有社会学、政治学等学科体系。一句话，需要构建适应数字经济发展的新哲学社会科学理论体系。

（二）改革的突破口——数字商品生产线

现有经济学、管理学、法学等课程体系经历了上百年发展才日益成熟的。要想短期内建设数字时代的经济学、管理学和法学课程体系显然不现实。我们的方法是：让每个学生通过实训方式，接触体验数字商品生产线。同时，老师引导学生思考数字商品资源配置方式、数字商品生产组织管理模式、数字规则等问题。

2008年，我将SAP、ERP引入到教学中，希望通过实训方式，让每位同学体验并感知数字商品生产线，包括数字商品生产线设计、运营及管理。但SAP采用闭源模式，生产线只对内部员工、合作伙伴及付费客户开放，数字商品生产协作还仅限于企业内部。

2012年，我接触到Odoo，这是一款开源的ERP，这条数字商品生产线向所有开发者开放，劳动协作范围扩展到全社会。这是重要的变革和历史进步，所以，从2013年开始，我就将Odoo用于教学中。

选择一条适合经济学、管理学、法学专业学生学习的数字商品生产线是很重要的。这里我们选择开源开放的公共创新平台（类似于开源ERP软件），供学生学习、形成认知，旨在培养大学生在数字经济时代应具备的数字商品大规模协作生产能力和劳动技能。

（三）开源是大学生在数字经济时代应具备的劳动素养

如同务农、务工一样，所有人应掌握数字时代的劳动工具（平台）和劳动技能。借助Git生产协作平台，任何人都可以自由获取代码等生产资料，自由选择劳动时间、劳动地点和协作模式，体验数字时代的生产协作模式、数字商品资源配置方式、数字规则等。

Odoo是一款开源ERP软件（实际功能远超出ERP范畴），非常适合经济管理类专业学生了解数字化企业的运营与管理模式、数字商品生产线的运营与管理模式。经过八轮的完善，已经形成模式，学生学习效果也十分显著。

大学生可以使用开源代码、参与开源项目及社区活动，甚至向开源项目做贡献、发起开源项目等。开源有助于培育具有国际视野、数字思维和数字世界观，具备数字商品大规模生产协作劳动能力，洞悉数字经济运营模式及数字规则的创新型商务人才。

（四）数字经济开源创新实训平台

上海开源信息技术协会组织志愿者开发出可供各高校试用的数字经济开源创新实训平台。

每一位经济管理类专业新生，从入学那天起，就有一个专属地址：2021101208.suibe.edu.cn（学号＋学校域名），相当于拥有一家属于自己的数字企业。学生可以模拟一个企业，搭建一个属于自己的商务系统，完成以下学习任务：（1）设计企业Logo、组织架构，并完成配置；（2）设置会计科目、产品（类别、仓储、价格列表、物料清单、工艺路线）及服务，并完成配置；（3）设计人力资源制度，包括工资、薪酬、用工、奖励机制等，并完成配置；（4）设计CRM及销售管理制度、流程，并完成配置；（5）设计采购及供应商管理制度、流程，并完成配置；（6）设计物流、仓储管理制度、流程，并完成配置；（7）设计生产管理制度、流程，并完成配置；（8）设计项目管理业务流程，并完成配置。

适合课程：管理学、管理信息系统、人力资源管理、会计信息化、电子商务、客户关系管理、销售管理、项目管理、生产管理、供应链管理等。

四、我校开源教育历史

开源与我校应用经济学、工商管理、信息管理、法学、国际政治学等专业高度相关。开源是一场伟大的社会创新实践，直接挑战数千年以来独占排他的社会安排，突破了工业时代的商业逻辑，超出了物理世界理论框架及认知范围。开源是数字商品资源配置最有效率的方式（经济学），开源是数字商品大规模生产协作的最佳模式（管理学），开源事关数字世界规则及标准主导权（政治学、法学、社会学）。开源创新催生理论创新，也需要理论指导。开源表现为技术创新，背后隐含着数字世界新经济学、新管理学、新政治学、新社会学、新法学理论的萌芽。开源是一场范式变革，首先需要突破工业时代的思维方式和理论框架。开源涉及我校各个学科及专业，我校也是国内最早从事开源创新理论与实践的经济管理类院校。

我校从2005年开始探索新商科理论构建及实践，积累了大量经验。

2008年9月，引入数字商品生产线SAP，开设"SAP ERP导论"课程；

2011年9月，引入SAP Business ByDesign云计算生产线，并开设"SAP ByDesign商务实训"课程；

2013年9月，引入开源ERP软件Odoo（数字商品生产线），并开设"云计算ERP"课程；

2015年8月，组织国内第一场区块链与"一带一路"研讨会；

2017年9月，开设"区块链新金融"课程，是国内最早开设区块链相关课程的高校之一。

2018年，我校被推选为上海开源信息技术协会秘书处单位；

2017年12月，发布《重新定义学习》白皮书；

2019年3月，发布《新经济 新模式 新商科》白皮书；

2020年11月8日，发布《中国开源创新社会工程宣言书》；

2021年5月，申请设立上海市开源数字"一带一路"协同创新中心，获得培育资格；

2022年1月，发起成立"新商科教育教学开放创新联盟"；

2022年9月3日，在世界人工智能大会上承办"自由开源软件思想者论坛"；

2023年2月25日，承办世界人工智能大会开发者大会"上海开源产业开源服务业发展战略论坛"；

2023年3月27日，主办"全国高校新商科开源创新教育研讨会"；

2023年4月7日，主办"开源硬件与新工业革命论坛"；

2023年5月28日，参加北京科协主办的开放科学论坛并做"《资本论》视角下的开源创新"主题演讲；

2023年6月10日，主办"2023年上海开源创新精英荟"活动；

2023年6月13日，承办"开源创新理论与实践研讨会"；

2023年12月19日，主办"2023开源产业生态大会"。

五、经验总结

从本质上看，开源是具有理想主义情怀的技术极客发起的社会创新活动，有组织保障（开源社会组织）、制度保障（开源协议）、文化和价值观（开放、平等、共享、协作及国际化），对人类社会影响深远。开源是国家战略，开源人才是社会重大需求。传统课程体系和人才培育模式难以适应数字经济发展需要已成为大部分经管法高校的共识，问题的关键在于如何寻求突破口。基于多年开源教育和开源创新社会实践经验，我们认为：

首先要认知到位。开源不只是技术创新，而且是法学、经济学、管理学、社会学、政治学等多学科的融合，开源孕育着数字时代哲学社会科学理论的萌芽，需要多学科共同推动。

其次要先立后破。开源的核心是制度创新，最大的障碍来自物理世界独占排他旧思想观念、文化和制度设计。在无法从体制上突破的情况下，不妨鼓励创新组织和部门作为单独实体先行先试，或者由企业或开源社会组织参与甚至主导课程建设。

最后是制度保障。学校一直支持上海开源信息技术协会工作，于2023年4月开始筹备开源创新与数字治理微专业，并给予经费支持。2024年8月，成立开源创新与数字治理研究院，统筹学校开源教育，并推动数字经济学专硕（开源方向）、开源MBA的招生。